Spécial Bébé

Précautions d'emploi

Les indications données dans ce livre ne dispensent pas du recours médical ou paramédical. L'aromatologie agit en complémentarité d'action avec la médecine classique. Lorsque vous êtes sous suivi médical, prévenez impérativement votre médecin ou votre thérapeute que vous désirez adjoindre les huiles essentielles à votre traitement en cours.
Les indications et les mélanges proposés dans ce livre sont pour adultes et adolescents (à partir de 10-12 ans), sauf lorsque cela est signalé (miellat spécial enfant, par exemple).

Les huiles essentielles sont des substances naturelles qui concentrent au plus haut niveau les qualités biochimiques et énergétiques des plantes dont elles sont extraites. Elles sont, par conséquent, très actives et loin d'être inoffensives. Il faut donc les manipuler et s'en servir avec beaucoup de précautions. Il est important de :
– tenir les huiles essentielles hors de portée des enfants ;
– toujours les diluer dans une huile végétale ou une base neutre avant de les employer, à raison d'environ 10 à 20 % d'huile essentielle, et le complément en huile végétale ou base neutre ;
– toujours faire un test d'éventuelle réaction allergique : déposez 2 gouttes de l'huile essentielle au niveau du pli du coude et attendez 15 minutes ; si une rougeur apparaît, évitez d'utiliser cette huile ; si rien ne se manifeste, vous pouvez vous en servir ;
– ne pas les appliquer sur les muqueuses, les yeux, les oreilles, le nez et les parties génitales ;
– toujours se laver les mains au savon après avoir touché une huile essentielle.

Certaines huiles essentielles sont photosensibilisantes. Évitez une exposition prolongée au soleil dans les deux heures suivant leur application. Il est indispensable de demander conseil à un spécialiste pour une utilisation pendant la grossesse, chez les enfants, lors du suivi d'un traitement médical au long cours et pour une prise par voie orale. Et veillez toujours à choisir des huiles essentielles de qualité.

Guillaume Gérault

Spécial Bébé

Avec la collaboration de Ronald Mary

Albin Michel

Ouvrage publié sous la direction de Laure Paoli

Du même auteur

Sommaire

Mieux connaître les huiles essentielles

Les huiles essentielles

Les huiles essentielles sont des substances volatiles qui, malgré leur nom, ne sont pas grasses. Sécrétées par les plantes aromatiques (lavande, romarin, thym...), elles sont composées d'un mélange complexe de molécules organiques ; et si nous précisons qu'elles sont extraites de différentes parties de certaines plantes aromatiques, cela signifie aussi que toutes les plantes ne donnent pas d'huile essentielle. Depuis la nuit des temps, elles enrichissent parfums et cosmétiques, et sont surtout utilisées pour leurs vertus thérapeutiques dans le domaine de l'aromathérapie.

Selon une définition un peu plus aride, une huile essentielle est un « produit odorant, généralement de composition biochimique complexe, obtenu à partir d'une matière première végétale botaniquement définie, soit par entraînement à la vapeur d'eau, soit par distillation sèche, soit par un procédé mécanique approprié sans chauffage. L'huile essentielle est le plus souvent séparée de la phase aqueuse par un procédé physique n'entraînant pas de changement significatif de sa composition » (*Recommandations relatives aux critères de qualité des huiles essentielles*, éd. Afssaps/Agence française de sécurité sanitaire des produits de santé, 2008).

Les huiles essentielles se trouvent en général dans les fleurs, les feuilles, la peau des fruits, le bois ou l'écorce,

Quelques définitions

Aromatologie ou « aromathérapie scientifique » : étude des huiles essentielles basée sur des données biochimiques confirmées par des analyses rigoureuses de laboratoire ; la composition chimique de chaque huile essentielle est ainsi mise en relation avec ses vertus thérapeutiques, qu'elles soient physiques ou psychiques.

Aromachologie : étude des effets des huiles essentielles sur le psychisme.

Aromathérapeute : docteur en médecine ou en pharmacie qui a suivi une formation complémentaire en aromatologie pour l'usage des huiles essentielles.

Aromatologue : thérapeute qui a suivi une formation complémentaire en aromatologie pour l'usage de l'aromathérapie scientifique, et qui s'appuie sur les données bio-chimiques des huiles essentielles ; il travaille aussi bien sur le plan physique que sur le plan psychique.

Aromachologue : personne formée à l'utilisation des huiles essentielles qu'elle utilise sur le plan psycho-émotionnel.

les racines, les graines et semis. Par exemple, si l'on écrase la feuille d'une plante aromatique, des petites poches vont se briser laissant s'échapper la substance aromatique. La récolte de la plante et l'extraction de son huile aromatique doivent se faire au meilleur moment en fonction des substances que l'on veut extraire, lesquelles sont soumises au « biotope » de la plante (son environnement naturel), et aux conditions extérieures (climat, moment de l'année...) car la plante ne développe pas les mêmes composants selon les lieux et les périodes de l'année.

Comment agissent les huiles essentielles

En massage, en application, par le bain

Les huiles essentielles pénètrent par la peau et se diffusent dans le sang jusqu'aux organes qui ont besoin des molécules qu'elles contiennent. Chaque huile essentielle utilise un émonctoire, un organe ou une fonction du corps de prédilection : foie, poumon, appareil urinaire, peau, gros intestin, etc. Même en utilisation externe, chaque huile essentielle agit d'une manière qui lui est propre, sur le plan physique et sur le plan psychique.

En diffusion, en olfaction

Par l'olfaction, nous « ingérons » les molécules de plantes diffusées qui viennent agir directement sur l'organe ou la fonction qui a besoin de soins. Les stimuli que nous percevons par le nez sont captés par des « bâtonnets » qui les dirigent directement vers le siège des émotions dans le cerveau (dans la zone du rhinencéphale) ; là, chaque odeur renvoie à une image, un souvenir, une évocation, un émoi... La mémoire profonde alors stimulée accueille l'information émotionnelle des odeurs et fragrances. De ce fait, nous pouvons, avec l'olfaction des huiles essentielles, « contacter » les différentes causes d'une souffrance. Ainsi, combinant propriétés biochimiques thérapeutiques et informations olfactives plus subtiles, la diffusion d'huiles essentielles se révèle tout aussi utile et agréable pour s'adresser à notre zone psycho-émotionnelle qu'à notre physiologie.

Olfactothérapie

Chaque huile essentielle peut être associée à une ou des émotions, ou à un état d'être. Vous pouvez donc sentir directement une huile essentielle à la bouteille ou au bouchon lorsque vous désirez exalter une impression, un trait de caractère ou une vertu psychologique particulière.

Pour vous repérez, voyez les fiches techniques qui détaillent les huiles essentielles (p. 101).

Des huiles essentielles *hormone like*

Certaines huiles essentielles (ylang-ylang, santal, vétiver...) agissent comme des hormones. C'est pourquoi vous pouvez trouver des préparations pour « Madame » et des préparations pour « Monsieur ».

Procédés d'extraction des huiles essentielles

La distillation à la vapeur d'eau

On chauffe un ballon plein d'eau. L'eau passe de l'état liquide à l'état de vapeur ; par un conduit, cette dernière rejoint la plante déposée dans un deuxième ballon et fait éclater les cellules de la plante qui contiennent de l'huile essentielle. La vapeur d'eau chargée des molécules aromatiques de la plante est entraînée vers un serpentin refroidi par une circulation extérieure d'eau froide ; là, cette vapeur d'eau chargée des composants volatils se condense et se transforme en liquide contenant l'huile essentielle. On recueille alors l'huile essentielle et l'eau dans un troisième ballon, un « essencier », sorte de vase de décantation. L'huile essentielle, le distillat, moins dense que l'eau, reste en surface. L'eau de distillation, l'hydrolat, est récupérée au fond de l'« essencier ». Ainsi, lors de la distillation, la vapeur d'eau traverse les plantes, entraîne avec elle leurs composants aromatiques, puis est recondensée. On obtient alors une huile essentielle, son eau florale ou son hydrolat (voir p. 39). Le rendement de ce procédé est très variable selon les plantes. Il faut par exemple quatre tonnes de pétales de rose pour obtenir 1 litre d'huile essentielle de rose, l'une des plus chères.

L'expression

L'expression (ou pression à froid) est réservée aux écorces des agrumes : le citron, la mandarine, l'orange douce, l'orange amère, le pamplemousse... On parle alors d'« essence » car l'huile essentielle provient du zeste du fruit.

L'enfleurage

Cette technique héritée de l'Antiquité égyptienne consiste à déposer des plantes sur une couche de graisse qui absorbe les parfums. La graisse est ensuite mélangée à de l'alcool qui récupère les senteurs. L'alcool est ensuite évaporé et il reste une « absolue ».

Autres méthodes d'extraction

Surtout utilisée dans l'industrie de la parfumerie, l'extraction par solvant permet d'extraire les huiles essentielles des écorces et des racines des plantes aromatiques qui supportent mal la chaleur de la distillation. Plusieurs lavages successifs des préparations de plantes à l'aide du solvant (généralement de l'éthanol) sont nécessaires. Après élimination du solvant, on obtient la « concrète » ; celle-ci est alors brassée avec de l'alcool, puis filtrée et refroidie pour extraire les cires végétales qui, après concentration, donnent en fin de processus l'« essence pure », ou « absolue », d'une grande qualité olfactive.

Cette même industrie utilise aussi l'extraction au « CO_2 (dioxyde de carbone) supercritique » qui, soumis à une pression de plus de 73 bars et à 31 °C, présente un état intermédiaire entre un gaz et un liquide. Son grand pouvoir dissolvant permet d'obtenir une excellente « absolue » pour la fabrication des parfums. Il s'agit d'un mode d'extraction souvent utilisé quand la distillation à la vapeur d'eau est difficile, comme pour les absolues de jasmin ou de vanille.

Le chémotype

Le chémotype indique la composition biochimique et l'ensemble des molécules présentes dans l'huile essentielle. Nous devons au biochimiste français Pierre Franchomme d'avoir posé les bases d'un chémotype, ou « race chimique », fiable pour chaque plante aromatique ; car, indique-t-il, « les composants aromatiques d'une plante ne sont jamais immuables ; ils varient en fonction de divers éléments comme l'ensoleillement, la nature, les composants du sol... » (*L'Aromathérapie exactement*, éd. Roger Jollois). Par exemple, deux thyms que l'on nomme sous le même nom latin *(thymus)* peuvent donner deux huiles essentielles différentes : la composition biochimique n'est pas la même. Nous avons alors besoin d'un repère, le chémotype, pour signaler ces différences de composition chimique parfois très importantes et qui changent complètement les propriétés chimiques ou biologiques de l'huile essentielle. Ainsi, on distingue au moins deux huiles essentielles de thym : le thym à thujanol *(Thymus vulgaris thujanoliferum)* et le thym à thymol *(Thymus vulgaris ct thymol)*.

Le nom latin et le chémotype de chacune des plantes permettent de repérer quel ensemble particulier de molécules est présent dans tel ou tel lot d'huile essentielle, et donc de comprendre ce que seront les différents modes d'action possibles et d'éviter leurs effets indésirables, voire dangereux.

Comment choisir une huile essentielle

Impérativement, sur l'étiquette de votre huile essentielle doivent apparaître :
– le type de produit : huile essentielle, eau florale, hydrolat, etc. ;
– le nom courant de l'huile essentielle (nom vernaculaire) ;
– le nom latin (nom botanique) qui vient préciser le nom courant ;
– la partie de la plante dont est extraite l'huile essentielle (feuille, fruit, fleur, racine...), car selon la partie utilisée, les propriétés de l'huile essentielle sont différentes ;
– le chémotype (l'analyse des principes actifs) de l'huile essentielle et, pour les professionnels de santé, le profil biochimique complet. Cette précision devient nécessaire lorsque, sous le même nom latin, on trouve des huiles essentielles dont le terroir ou le cycle végétatif a

influencé la composition biochimique. Le nom latin ne suffit plus, il faut ajouter le type chimique pour bien connaître le produit ;
– une référence de qualité, et si possible issue d'une production de biologique.

Garantie de qualité

Répétons-le : « Produit issu de l'Agriculture Biologique » est la seule garantie à laquelle nous pouvons vraiment faire confiance ; l'étiquette du flacon d'huile essentielle doit porter obligatoirement cette mention et le nom du certificateur. Car une plante cultivée aux abords d'une zone polluée, et dont la pousse a été « dopée » par des pesticides n'aura forcément pas les mêmes composants chimiques, et donc les mêmes vertus, qu'une plante venue dans un biotope sain, par des méthodes naturelles.

Le prix d'une huile essentielle

Il n'est pas garant de sa qualité ; il n'est que le reflet de son coût d'obtention. Il faut, par exemple, pour produire 2 ml d'huile essentielle : une dizaine de kg de pétales de rose, 1 kg de feuilles de verveine citronnée et seulement 100 g de feuilles de menthe poivrée.

La date et la durée de conservation

Ce sont des garanties non obligatoires mais intéressantes ; à défaut, un numéro de lot pourra apporter la garantie de la traçabilité du produit, sans remplacer, toutefois, l'indication de la date de fabrication.
Les huiles essentielles :

– se conservent à l'abri de la lumière à une température moyenne ;
– craignent l'oxydation qui est provoquée par la présence de l'air renouvelé ; il convient donc de bien reboucher le flacon après usage.

Les huiles essentielles d'agrumes se conservent deux à trois ans sans problèmes dans un endroit frais, comme le bac à légumes du réfrigérateur.

Les huiles essentielles de conifères se conservent plusieurs années avant de dégager une petite odeur de « pneu » très lointaine.

En général, les autres huiles essentielles peuvent être conservées plus de cinq ans sans altération.

Pour assurer une bonne conservation de vos huiles dans un flacon sans compte-goutte

Ajoutez de l'eau ; celle-ci va se placer au-dessous ou au-dessus de l'huile essentielle (en fonction de la densité de celle-ci), sans se mélanger. Ainsi, vous réduirez la présence d'air dans le flacon. Par la suite, prélevez cette huile essentielle avec un compte-goutte ou une pipette en verre.

Les huiles essentielles AUTORISÉES aux femmes enceintes durant tout le temps de la grossesse

Arbre à thé ou *tea tree (Melaleuca alternifolia)*
Bergamote *(Citrus aurantium ssp bergamia)*
Camomille romaine *(Anthemis nobilis)*
Citron *(Citrus limonum)*
Estragon *(Artemisia dracunculus)*
Laurier noble *(Laurus nobilis)*
Lavande vraie *(Lavandula angustifolia ssp angustifolia)*
Mandarine *(Citrus reticulata var. mandarin* ou *Citrus nobilis var. deliciosa)*
Néroli ou fleurs d'oranger *(Citrus aurantium ssp aurantium (fl))*
Rose de Damas *(Rosa damascena)*
Ylang-ylang *(Cananga odorata totum)*

... par précaution, les femmes enceintes éviteront toutes les huiles non citées dans cette liste, et éviteront absolument celles de la liste suivante.

Les huiles essentielles INTERDITES aux femmes enceintes

Absinthe *(Artemisia absinthium thujonifera)*
Aneth odorant *(Anethum)*
Anis étoilé ou Badiane *(Illicum verum)*
Armoise *(Artemisia)*
Basilic camphré *(Ocimum canum camphoriferum)*
Cajeput *(Melaleuca cajuputii)*
Cannelle *(Cinnamomum)*
Carvi *(Carum carvi)*
Cèdre de l'Atlas ou cèdre de l'Atlantique *(Cedrus atlantica)*
Curcuma *(Curcuma longa)*
Cyprès bleu de l'Arizona *(Cupressus arizonica)*
Eucalyptus dives ou mentholé *(Eucalyptus dives piperitoniferum)*
Eucalyptus polybracté à cryptone ou eucalyptus à fleurs multiples à cryptone *(Eucalyptus polybractea cryptonifera)*
Fenouil *(Fœniculum vulgare)*

Hysope officinale *(Hyssopus officinalis)*
Lantana *(Lantana camara davanonifera)*
Lavande stœchade *(Lavandula stœchas)*
Menthe pouilot *(Mentha pulegium)*
Menthe sylvestre *(Mentha sylvestris)*
Menthe verte *(Mentha spicata)*
Niaouli *(Melaleuca quinquenervia)*
Persil *(Petroselinum)*
Ravensare anisé *(Ravensara anisata)*
Romarin camphré *(Rosmarinus camphoriferum)*
Romarin à verbénone *(Rosmarinus verbenoniferum)*
Sassafras du Brésil *(Ocotea pretiosa)*
Sauge officinale *(Salvia officinalis)*
Tagète glanduleuse *(Tagetes glandulifera)*
Tanaisie annuelle *(Tanacetum annum)*
Thuya occidentalis *(Thuja occidentalis L)*

Les huiles essentielles INTERDITES à la vente au public

Le Code de la santé publique précise dans l'article L.4211-1 6 que « la vente au détail et toute dispensation au public des huiles essentielles dont la liste est fixée par décret, ainsi que leurs dilutions et préparations ne constituant ni des produits cosmétiques, ni des produits à usage ménager, ni des denrées ou boissons alimentaires appartiennent au monopole pharmaceutique ».
Le décret n° 2007-1221 du 3 août 2007 relatif à ce monopole (art. D.4211-13 du Code de la santé publique) énumère une quinzaine d'HE dont il précise les noms vernaculaires et les dénominations botaniques des plantes :
- grande absinthe *(Artemisia absinthium L.)* ;
- petite absinthe *(Artemisia pontica L.)* ;
- armoise commune *(Artemisia vulgaris L.)* ;
- armoise blanche *(Artemisia herba alba Asso)* ;
- armoise arborescente *(Artemisia arborescens L.)* ;
- chénopode vermifuge *(Chenopodium ambrosioides L. et Chenopodium anthelminticum L.)* ;
- hysope *(Hyssopus officinalis L.)* ;

– moutarde jonciforme *(Brassica juncea [L.] Czernj. et Cosson)* ;
– rue odorante *(Ruta graveolens L.)* ;
– sabine *(Juniperus sabina L.)* ;
– sassafras *(Sassafras albidum [Nutt.] Nees)* ;
– sauge officinale *(Salvia officinalis L.)* ;
– tanaisie *(Tanacetum vulgare L.)* ;
– thuya *(Thuya plicata Donn ex D. Don.)* ;
– thuya du Canada ou cèdre blanc *(Thuya occidentalis L.)* et cèdre de Corée *(Thuya Koraenensis Nakai)*, dits « cèdre feuille ».

Les modes d'utilisation des huiles essentielles

En usage interne

Par absorption buccale (gélules ou 1 à 2 gouttes déposées sur un comprimé neutre), anale (suppositoires) ou vaginale (ovules). Avant toute utilisation par voie interne, demandez impérativement conseil à votre médecin aromathérapeute ou à votre pharmacien aromathérapeute.

Important

Si vous absorbez par mégarde une huile essentielle, prenez plusieurs cuillerées à soupe d'huile végétale (par exemple de l'huile végétale d'olive, de première pression à froid, issue de l'agriculture biologique...) et appelez le centre antipoison le plus proche (France : 01 40 05 48 48 ou le 15 (SAMU) / Belgique 070/245 245) ou sur Internet : www.centres-antipoison.net

Les miellats ou miels aromatiques aux huiles essentielles

Le miel, et plus généralement les produits de la ruche (gelée royale, propolis, pollen, cire d'abeille...) sont de véritables concentrés de principes actifs. Le miel est notamment un antibiotique naturel. Protéines, vitamines, sucres, sels minéraux... ne sont qu'un court échantillonnage des molécules contenues dans les produits de la ruche. Le miel est non seulement riche en sucres simples (fructose, maltose et glucose bénéfiques avant et après l'effort tant physique qu'intellectuel) mais aussi en flavonoïdes (un antioxydant), en minéraux (magnésium, calcium, sélénium...), en vitamines et en enzymes diverses.

C'est dire la mesure et la portée des principes actifs que vous recevez quand vous prenez votre miellat enrichi d'huiles essentielles !

Pour bien choisir votre miel

Assurez-vous que c'est un miel non chauffé, non pasteurisé et extrait à froid ; et pour préparer vos miellats, privilégiez un miel liquide qui sera plus facile à mélanger. Puis, tenez compte du fait que le goût d'un miel change du tout au tout selon l'espèce des fleurs butinées : un miel d'acacia est plus doux et sucré qu'un miel de sapin fort et ambré, quand un miel de romarin ou de lavande, au caractère ensoleillé, sent bon la garrigue.

Quelques précautions préliminaires pour choisir votre ou vos huiles essentielles

• Pour choisir une huile essentielle, n'hésitez pas à vous faire confiance. Certes, vous pouvez suivre à la lettre telle ou telle recette. Pour autant, votre odorat sait aussi vous guider vers la bonne fragrance, celle qui vous plaît parce qu'elle vient évoquer un souvenir heureux ou émouvant, voire celle qui vous est nécessaire du point de vue de la santé. Car notre corps sait très bien ce dont il a besoin ; et par l'odorat, notre cerveau nous fait savoir ce que notre organisme demande. Donc faites-vous confiance.

Attention

Toutes les huiles essentielles sont « actives » ; certaines ne sont pas consommables, quand d'autres peuvent être toxiques si l'on ne respecte pas les infimes posologies indiquées.

• Ne mettez pas d'huiles essentielles directement dans de l'eau même très chaude (tisane, infusion, bouillon...) : elles doivent être incorporées dans de l'huile végétale, de la margarine végétale, du jaune d'œuf, ou du miel car, répétons-le, les huiles essentielles ne sont pas miscibles dans l'eau.

• Pour les tisanes, infusions, bouillons, jus de fruits, préférez incorporer un hydrolat ou une eau florale qui se mélangeront idéalement ; l'hydrolat ou eau florale est l'eau distillée, séparée de l'huile essentielle à la sortie de l'alambic, et qui s'est chargée de molécules aromatiques (voir p. 39).

• Même en cuisine, les huiles essentielles ne doivent jamais être ingérées pures.

Attention

- Les huiles essentielles ne doivent jamais être utilisées dans l´alimentation des bébés, des enfants de moins de 5 ans, des femmes enceintes ou allaitantes et des personnes allergiques ou sensibles.
- **« Ce n'est pas le produit qui fait le poison, c'est la dose ! »** Les huiles essentielles sont à utiliser avec une grande prudence, tant leur efficacité est puissante. En effet, pour fabriquer votre miel aromatique, 1 à 5 gouttes suffisent amplement ; ces proportions idéales sont pour un pot de miel de 100 ml ou 10 cl. Commencez par une goutte et testez avant d'en ajouter une autre !

En usage externe

Pour l'utilisation sur la peau et lorsqu'on ne connaît pas bien les huiles essentielles, il convient de toujours les diluer dans un support d'huile végétale pour éviter quelques soucis malencontreux (brûlures avec l'huile essentielle pure de cannelle, par exemple). Cette utilisation est moins problématique et bien plus favorable que l'usage en interne. La peau est gourmande et « mange » littéralement les huiles essentielles ; leur pénétration est tellement puissante qu'au bout de quelques heures, on en retrouve des résidus dans les urines !
Lorsque vous utilisez une huile essentielle pour la première fois, faites toujours un test d'allergie : déposez 2 gouttes de l'huile essentielle dans le pli du coude et attendez 15 minutes ; si une rougeur apparaît, évitez d'utiliser cette huile ; si rien ne se manifeste, vous pouvez vous en servir.

La diffusion et l'olfaction

L'olfaction fait partie des 5 sens. De nombreuses recherches ont montré que les odeurs agissent de manières diverses et variées sur notre physiologie et notre psychisme. Que ce soit la réminiscence de souvenirs enfouis, comme dans l'exemple célèbre des « petites madeleines » d'un certain Marcel Proust, ou encore pour calmer les insomnies, voire pour accentuer ou apaiser tel ou tel type de comportements, l'aromathérapie se révèle salutaire lorsque nous désirons utiliser nos facultés olfactives, latentes en chacun de nous, afin d'obtenir un effet de simple bien-être ou même directement thérapeutique. Sentir une huile essentielle ou un mélange en diffusion, c'est avoir plaisir à évoluer dans une ambiance agréable ;

Utilisation des huiles essentielles en olfaction

Pour **dynamiser** l'organisme (physique et psychique) :
- prenez un inspir profond par le nez (3 à 4 secondes) ;
- restez poumons pleins (5 à 7 secondes) ;
- puis relâchez l'air par la bouche et soufflez (3 à 4 secondes) ;
- répétez l'opération une dizaine de fois.

Pour **calmer** l'organisme (physique et psychique) :
- prenez un inspir profond par le nez (3 à 4 secondes) ;
- puis, immédiatement, relâchez l'air en soufflant par le nez (3 à 4 secondes) ;
- restez poumons vides (5 à 7 secondes) avant de reprendre un inspir profond ;
- répétez l'opération une dizaine de fois...

... et bien évidemment, cette marche à suivre se pratique en inhalant une huile essentielle au bouchon ou au flacon, voire en étant installé(e) confortablement **dans une pièce où est diffusé un complexe d'huiles essentielles.**

si, de plus, nous savons que ce que nous respirons peut aussi modérer une affection, calmer un trait de caractère, transformer un défaut en qualité, nous pouvons alors envisager de pallier des maux du quotidien, accompagner des traitements de fond, aider à modifier des « terrains », enrayer des fragilités de manière préventive.
Nous pouvons aussi simplement désirer parfumer un lieu de vie ou de travail, voire l'habitacle d'un véhicule. Pour ce faire, le choix des huiles essentielles ne repose alors que sur la dimension plaisir de sentir telle ou telle fragrance, afin de créer un véritable « décor olfactif », comme on personnalise un lieu avec un papier peint et des tableaux.
On peut aussi penser à déposer quelques gouttes d'une huile essentielle dans une coupelle disposée dans une armoire afin d'éloigner mites et odeurs de « renfermé » ; le même principe peut être adopté pour rafraîchir les toilettes ou une pièce close ; on peut même déposer 4 ou 5 gouttes d'huiles essentielles sur un coton que l'on place auprès du ventilateur du réfrigérateur.
Pour diffuser les huiles essentielles, il existe principalement deux dispositifs sur le marché :
– **le brûle-parfum** : une bougie ou une ampoule électrique chauffe une coupelle d'eau dans laquelle surnage de l'huile essentielle qui s'évapore au fur et à mesure que l'eau chauffe. Certes, des fragrances se font sentir, toutefois, les vertus de l'huile essentielle sont annihilées par la chaleur ;
– préférez **le diffuseur électrique,** qui souffle de l'air enrichi par l'huile essentielle, et diffuse son contenu en micro-gouttes, sans jamais l'altérer ; les gouttelettes, extrêmement fines, restent longtemps en suspension

dans l'air, offrant toute la mesure de leur puissance et de leurs bienfaits.

Diffusion dans la maison ou l'appartement (80 à 100 m²)

- 5 à 10 min le matin avant de partir, puis le soir en rentrant.
- Pratiquez l'art de la diffusion peu mais souvent, par séquences d'environ 5 à 10 min.
- On peut maintenir la diffusion 15 min spécifiquement dans la cuisine quand une odeur prenante persiste.
- Évitez en revanche de trop diffuser dans les chambres, à plus forte raison quand bébé dort. Pour ce faire, il existe d'excellents programmateurs qui vous permettront de régler votre diffusion comme vous le désirez, 10 min avant votre réveil, 10 min avant votre arrivée le soir, comme pour vous souhaiter la bienvenue chez vous.
- Dans un endroit public, on peut envisager une diffusion de 10 minutes toutes les heures.

Diffuser, certes ! Mais quoi ? Uniquement des huiles essentielles, pures et sans adjonction d'huile végétale, de « dispersant », d'eau ou d'autres solutions alcoolisées !

Protocole d'utilisation

Les huiles essentielles indiquées dans ce livre s'utilisent en diffusion, chez soi et au bureau, ou simplement en olfaction, avec une respiration basse, lente et profonde, aussi fréquemment qu'il vous sera nécessaire. Bien entendu, l'utilisation d'une huile essentielle ne se borne pas à ses propriétés olfactives. Pour plus de renseignements, rendez une petite visite à votre aromatologue.

Le « massage bien-être »

Vous désirez être apaisé(e) et relaxée(e), vous voulez faire baisser le stress et les tensions pour retrouver un bon et doux sommeil ? Le « massage bien-être » est pour vous. Vous pouvez alors vous adresser à un professionnel, en vérifiant auparavant qu'il connaît et utilise correctement les huiles essentielles. Vous pouvez aussi penser massage entre complices ou amants, entre amis ou parents... Vous pouvez aussi envisager l'automassage.
En massage, sauf lorsque cela n'est pas indiqué, les huiles essentielles sont à incorporer dans une huile végétale (olive, jojoba, noyau d'abricot, amande douce, noisette).

La peau, une conscience du corps

La peau couvre la globalité du corps, pèse 4 kg et fait environ 2 m² de superficie ; elle dispose de près de 650 000 récepteurs sensoriels, soit la quasi-totalité des terminaisons nerveuses ; 70 % de la circulation sanguine passe par la peau. Lors de la maturation de l'embryon, dans le sein maternel, la peau apparaît dans la même zone que le cerveau, dans le même « feuillet embryologique », disent les spécialistes. Cette zone s'appelle « ectoderme » ; elle donne naissance à l'ensemble du système nerveux et des organes des sens. Ainsi, la peau est quasiment la surface extérieure du cerveau ; on pourrait dire aussi que le cerveau est la couche la plus profonde de la peau. Peau et cerveau sont donc les deux parties d'un même ensemble.

D'un point de vue physiologique, la peau assure des fonctions d'élimination, de protection, de sécrétion et de respiration. De plus, elle est aussi, d'un point de vue plus psychologique, l'interface du corps avec le monde, et nous permet donc d'avoir conscience de nous-mêmes. La parcourir donne conscience de la corporalité, de l'« incarnation », de l'unité du corps.

La sensibilité est présente partout sur toute la surface de la peau. Les terminaisons des nerfs sensitifs, les « corpuscules du tact », envoient les informations de variations de températures, de contact, de caresses, de massage, au cerveau et à la moelle épinière.
C'est dire l'importance de toucher et surtout d'être touché, et ce, dès le plus jeune âge.

Les effets du massage

Ils sont variés :
– sédatif, par une friction douce et calme ;
– stimulant, par une friction plus appuyée ;
– décongestionnant et délassant, par une friction localisée sur les points de tension ;
– neurotonique, par les sensations reçues qui provoquent dans le cerveau différentes sécrétions biochimiques, lesquelles viennent apaiser un psychisme confus, un corps tendu, une physiologie déséquilibrée.

L'automassage

L'automassage s'appuie sur les principes de la réflexologie, aussi connue sous les noms de « massage réflexe »,

« thérapie des zones », « massage-compression », « thérapie des points de pression »... Autant d'appellations qui rappellent que cette pratique de santé apporte un réel soulagement par une action pourtant éloignée de la zone en souffrance ou de l'organe déséquilibré. Selon les principes de la réflexologie, chaque organe, glande ou partie du corps est relié à un point ou une zone réflexe sur la surface de la main, la plante des pieds ou même sur l'oreille. Si vous n'avez pas de reflexologue professionnel dans votre entourage, vous pouvez quand même détendre vos tensions et blocages en activant la circulation sanguine par un automassage des mains et des pieds, et en faisant pénétrer les principes actifs des huiles essentielles dans votre organisme.

Le bain

Pour que le bain offre toutes les qualités qu'il promet, peut-être pourrions-nous le considérer comme un art. Car, oui, le bain est un art ! Et, à ce titre, le moment du bain se prépare comme un rendez-vous intime et chaleureux avec vous-même. Les huiles essentielles que vous y adjoindrez ne feront qu'ajouter au plaisir de plonger le corps dans une eau accueillante.

Organisez le cadre avec une bougie pour seule lumière et un diffuseur qui distribuera le même mélange d'huiles essentielles que celui dont vous aurez enrichi votre bain ; veillez à ce que votre porte reste close, que le téléphone soit aux abonnés absents, que les enfants ou le chat aillent voir ailleurs si vous y êtes... durant tout le temps de ce moment avec vous-même.

Durant la petite heure que prend votre bain – de la

préparation au sortir –, donnez-vous le temps de prendre le temps. Laissez bien l'eau chaude assouplir vos muscles, détendre les articulations, activer les échanges métaboliques. Tranquillement, frottez votre peau avec un gant en fibre de *loofa*, une sorte de gant de crin doux, pour la débarrasser de ses scories et stimuler votre système lymphatique.

Attention

- Jamais de bain chaud en cas de fièvre importante !
- Pas de bain à plus de 37 ou 38 °C pour les femmes enceintes, les enfants, les personnes qui souffrent de troubles circulatoires, d'hypertension et de troubles cardiaques, ou les personnes âgées.
- 37 à 39 °C nous semble la bonne température à partir de laquelle l'élimination des toxines et la détente musculaire peuvent se réaliser ; sauf si vous souffrez de varicosités. Par la « respiration » du derme, votre organisme, détendu, peut alors se nourrir des principes actifs des huiles essentielles ; comptez 15 à 20 min pour que votre corps s'apaise et se délasse vraiment.

Pourquoi ne pas vivre ce moment comme un retour symbolique dans le ventre maternel ? Même si, consciemment, nous ne nous souvenons pas de cette période, nous savons que le corps et notre cerveau ont enregistré un lot de sensations que nous pouvons réactiver lors d'un bain : relâchez les tensions physiques, coupez avec le flot des pensées, et laissez monter à la conscience de belles images reposantes, de jolies pensées pleines de joie, de beaux sentiments pleins d'amour pour vous-même.

Même si ce n'est pas toujours facile, voyez comme il est simple de prendre une heure pour soi.
Durant tout ce temps, respirez calmement et profondément, sentez les molécules d'huiles essentielles que l'inspiration capte et envoie dans votre organisme. On ne dira jamais assez le pouvoir olfactif des huiles essentielles, accueillies en toute conscience, lors de moments de détente et de relaxation !

Comment intégrer les huiles essentielles dans l'eau du bain

Les huiles essentielles, nous l'avons dit, ne sont pas miscibles dans l'eau. Pour les intégrer dans l'eau du bain, déposez-les dans une base neutre : du gros sel, un gel douche ou du shampooing. Dans un bol qui contient la base que vous aurez choisie, ajoutez l'huile essentielle, mélangez bien, puis dispersez le tout sous le robinet de la baignoire.

Terminez ce bain par une douche tiède, sur tout le corps si vous n'avez pas à reprendre vos activités quotidiennes ; et rajoutez une douche fraîche des jambes – en remontant des pieds vers les cuisses plusieurs fois de suite – si vous devez reprendre le cours de votre vie quelque peu agitée ; une sensation de chaleur doit s'en dégager, qui est signe de bonne vitalité.
Afin de vivre pleinement ce bain, accordez-vous un « sas de décompression » au sortir de la baignoire,

durant une dizaine de minutes, allongé(e) sur votre lit et emmitouflé(e) dans votre serviette ou votre peignoir, les pieds légèrement surélevés pour relancer l'activité physique en douceur; optez alors pour une respiration calme, ample et profonde, en toute conscience, durant quelques secondes, et essayez de visualiser qu'à chaque inspir, c'est de la vie, de la force qui entre en vous, et que chaque expir dégage les dernières toxines de votre organisme.

À retenir

• Les huiles essentielles dermocaustiques (cannelle feuille, cannelle racine) doivent être plus fortement diluées.
• Attention aux huiles essentielles photosensibilisantes (orange douce, bergamote, mandarine, petit grain bigarade, pamplemousse, citron) à ne pas utiliser avant une exposition au soleil.
• Ne mettez pas d'huiles essentielles pures sur les muqueuses (yeux, nez, oreilles, vagin...) et les zones sensibles ou irritées; demandez conseil à votre aromatologue.
• Toutes les huiles essentielles sont:
– actives (*bis repetita* et n'en déplaise aux esprits chagrins !);
– antiseptiques;
– stimulantes émonctorielles (élimination, dépuration).
Chacune des huiles essentielles utilise un émonctoire, un organe ou une fonction du corps, de prédilection:

foie, poumon, appareil urinaire, peau, gros intestin... Même par une utilisation en externe (massage) chaque huile essentielle agit d'une manière spécifique qui lui est propre ;
– harmonisantes. L'usage des huiles essentielles rééquilibre ou stabilise le terrain. Elles sont une main tendue pour vous aider à chaque moment, que ce soit sur un plan physique, psychique, psycho-émotionnel ou énergétique. Les huiles essentielles sont encore plus efficaces si elles sont utilisées en préventif.

Les hydrolats et les eaux florales

Lors de la distillation, l'hydrolat ou l'eau florale (selon la partie de la plante utilisée) recueille les molécules hydrosolubles de l'essence de la plante (les molécules qui ne sont pas solubles dans l'eau se retrouvent dans l'huile essentielle). Voilà pourquoi un hydrolat et une eau florale ne contiennent pas de molécule « agressive » et agissent plus en terme d'« informations ». Pour oser une métaphore, disons que les hydrolats et les eaux florales sont l'« homéopathie » des huiles essentielles. Ils peuvent être utilisés comme remède de fond lorsque, avec le temps, les huiles essentielles risquent de se montrer irritantes. Ce sont des produits doux et efficaces à usages multiples (cosmétique, gastronomie, bien-être...) qui s'adressent spécifiquement aux enfants, aux personnes à la sensibilité cutanée passagère, et au naturopathe pour proposer des corrections de terrain ; il conseille alors un hydrolat ou une eau florale pour « réinformer » le corps afin de rétablir son équilibre, progressivement, tout en douceur.

À ne pas confondre

• Eau florale : eau distillée séparée de l'huile essentielle à la sortie de l'alambic, et qui s'est chargée de molécules aromatiques au cours de la distillation des *fleurs*.

• Hydrolat ou hydrolat aromatique : eau distillée séparée de l'huile essentielle à la sortie de l'alambic, et qui s'est chargée de molécules aromatiques au cours de la distillation des *plantes entières*.

• Hydrosol : selon le dictionnaire du Centre national de ressources textuelles et lexicales[1], l'hydrosol est la « solution dont l'eau est le milieu de dispersion (d'apr. Duval, 1959). Selon une proposition de Graham, on appelle hydrosols les solutions colloïdales réalisées dans l'eau (Chim. Phys., 1905, p. 67) ».

Il n'y a donc aucune garantie de ce que contiennent réellement les hydrolats et les eaux florales vendus sous le terme d'« hydrosol » dans la grande distribution ou les commerces de cosmétiques ; ils sont bien souvent « enrichis » d'alcool, de conservateurs et autres « stabilisants » qui n'ont rien à voir avec la fleur ou la plante distillée.

Les différentes manières d'utiliser les hydrolats et les eaux florales

La pulvérisation ou spray

C'est une utilisation tonifiante et stimulante pour la peau lorsque l'eau florale est pulvérisée sur le visage ou une partie du corps qui ne supporterait pas le « poids »

1. http://www.cnrtl.fr/definition/hydrosol

d'une compresse (comme en cas de brûlure), par exemple :
– le matin, au réveil, pour tonifier la peau et se donner rapidement un « coup de fraîcheur » ;
– après la douche et la toilette, pour fixer un maquillage ;
– au cours de la journée, pour réhydrater la peau ;
– le soir, après le démaquillage, pour éviter une crème de nuit, assouplir la peau et lui permettre de respirer et d'évacuer ses toxines.

Le bain

C'est une manière douce et sereine de bénéficier des bienfaits d'une plante, en intégrant dans l'eau du bain du soir 25 à 50 ml d'hydrolat ou d'eau florale judicieusement choisie en fonction de l'effet désiré :
– pour une bonne détente du corps ;
– pour retrouver son calme après un effort physique ou intellectuel prolongé...
Vu les quantités, donc le coût de revient (!), il est préférable d'opter pour les huiles essentielles dans le bain ; sauf pour le bain de bébé dans lequel on mettra 2 cuil. à soupe d'hydrolat ou d'eau florale.

La friction

Souveraine et tellement agréable au sortir du bain ou de la douche du matin, les mains stimulant toutes les parties du corps, pour mobiliser les énergies avant une dure journée de labeur :
– sur le cuir chevelu, en soin capillaire ;
– pour ragaillardir le corps après l'effort et la douche ;
– pour réchauffer et détendre un dos raide.

Les compresses

Un linge humide, quelques gouttes d'eau florale, et voilà une pratique ancestrale d'une rare simplicité et particulièrement efficace :
– sur les yeux fatigués, rougis ou gonflés ;
– sur la peau du visage, comme un souverain après-rasage ;
– sur les zones de la peau irritées ou pour calmer une démangeaison tenace.

La lotion

Un disque de coton, copieusement imbibé d'eau florale, que l'on fait courir sur le visage et le corps :
– comme une lotion adoucissante pour la peau après le démaquillage ;
– pour rafraîchir le corps en été ;
– pour terminer la toilette de bébé...

Le bain de bouche

En soin local pour entretenir l'hygiène de la bouche ; 1 à 2 cuil. à soupe dans un verre d'eau tiède :
– pour parfaire le soin des dents ;
– pour tonifier les gencives ;
– pour rafraîchir l'haleine en cours de journée...

Le bain d'œil

Prévoyez un petit récipient spécialement conçu à cet effet (voir en pharmacie et parapharmacie) contenant l'hydrolat ou l'eau florale diluée à 50 % dans de l'eau pure, et posez sur l'œil ouvert durant 1 à 2 min ; changez l'hydrolat ou l'eau florale pour pratiquer de la même manière

sur le second œil pour :
– calmer les irritations oculaires ;
– apaiser les yeux fatigués ;
– ajouter de l'éclat au regard.

Bébé

Le nouveau-né

Il est enfin aujourd'hui reconnu que le nouveau-né n'est pas un simple tube digestif. Et pour que s'impose définitivement cette évidence, il en aura fallu des études scientifiques, alors qu'il suffisait de demander aux mamans qui, elles, savent dans leur cœur et depuis toute éternité que le bébé est une personne. Dès son arrivée, il est un être humain complet qui n'a plus qu'à « mûrir », se développer et laisser émerger ses forces et ses faiblesses, ses dons et ses qualités, ses goûts et ses couleurs pour embellir le monde de sa présence. Mais pour l'heure, Bébé n'a besoin que de temps et d'amour pour acquérir cette sécurité de base qui lui permettra tous les courages dans sa vie.

Magnifique éponge sensorielle, Bébé vous sent, il sait, il perçoit, il comprend... et s'imprègne de vos émotions. Sa capacité à percevoir les choses cachées derrière ce que l'on dit est étonnante. C'est pour cela que vous devez vous montrer non pas parfaite, mais simplement ouverte, à l'écoute, prête à laisser évoluer vos convictions et à fuir les certitudes. Et pour ce qui concerne le domaine de la santé, puisque vous avez fait le choix des médecines non conventionnelles, cet état d'esprit mène à jouer la carte de la complémentarité des médecines et à se faire accompagner par une *dream team* : le pédiatre pour le suivi des grandes étapes de l'évolution physique et physiologique (voire psychologique), le médecin homéopathe et l'ostéopathe pour traiter les maladies classiques de l'enfance, et le naturopathe aromatologue pour tout le domaine de la prévention afin que, justement, Bébé ne soit (presque) jamais malade. Ainsi entourés, vous n'avez aucun souci à vous faire ; et cette sérénité sera ressentie par Bébé qui n'aura donc pas (trop souvent) besoin de rendre visite aux spécialistes susnommés.

Pour la maladie déclarée et grave, la thérapie médicale médicamenteuse et/ou chirurgicale doit intervenir car elle sait gérer l'urgence. Puis, quand l'urgence est passée, on peut revenir calmement vers les huiles essentielles qui se révèlent particulièrement efficaces pour un retour naturel à l'état de santé normal. Avec aussi parfois cette possibilité de traiter particulièrement bien tous les maux et symptômes résistant aux médications habituelles de la pharmacopée allopathique. C'est du moins l'approche que je vous propose dans ce petit livre.

Bébé ne parle pas encore et pourtant vous le comprenez ; même s'il était perdu dans une foule d'autres nouveau-nés vous le retrouveriez à coup sûr, et combien de fois vous êtes-vous réveillé(e) la nuit juste avant qu'il ne se manifeste par un appel ou un pleur ? Cette communication sans mot, ce lien « extra-ordinaire » vient de l'âme et se nourrit d'amour. Voilà pourquoi je persiste à parler de l'âme de la nature présente au cœur des huiles essentielles. Voilà pourquoi aussi, je reste convaincu que seul l'amour est le véritable moteur de cette vie qui s'échange entre la nature et votre bébé. En fait, le plus simplement et le plus naturellement du monde, pour rester en pleine santé, votre bébé n'a besoin que de quelques huiles essentielles et de régulières séries de vos bisous, relativement interminables et d'une rare tendresse ; car, là aussi, il est aujourd'hui prouvé scientifiquement que les virus, microbes et autres germes agresseurs n'aiment pas les organismes dont le système immunitaire se nourrit et se « muscle » à grand coups d'amour et de bonheur !

Devenez maman écolo pour bébé bio

Si je consacre quelques paragraphes au bio pour Bébé (et toute la famille !), c'est qu'il me paraît particulièrement important de relever quelques points qui peuvent se résumer à une simple phrase : protéger la santé de Bébé, c'est lui offrir les meilleures chances d'une vie heureuse et d'un développement sain et harmonieux.

Les effets bénéfiques pour la santé des produits bio n'ont jamais été convenablement testés ; comme on le dit dans les milieux scientifiques : « ils sont présumés mais pas prouvés ». Or, en l'occurrence, l'absence de preuve n'est en rien la preuve de l'absence ! Mais au moins les produits bio ne sont pas « enrichis » de pesticides et autres intrants chimiques, et au moins les aliments de l'agriculture bio ont-ils un bien meilleur goût que leurs équivalents de l'industrie agroalimentaire. Et ce n'est déjà pas si mal. De plus, pour rester sur le seul secteur de l'alimentation, les chiffres officiels indiquent sans une once d'émotion qu'en moyenne notre assiette (pas bio !) contient… 21 pesticides. Inutile de préciser longtemps l'impact de ces résidus polluants sur notre santé. Pour confirmer ces propos, plusieurs études certifiées par l'OMS (Organisation mondiale de la santé) indiquent clairement les liens entre l'exposition à long terme aux pesticides et de nombreuses maladies (Rapport OMS complet : http://www.who.int/ipcs/publications/en/inventory1.pdf).

Aujourd'hui, il est prouvé scientifiquement que les aliments bio ne contiennent pas (ou peu) de nitrates et de pesticides, et qu'ils sont les plus riches en antioxydants et vitamines naturels. Si l'on peut donc conseiller à tous de préférer ce type d'alimentation, c'est surtout aux femmes enceintes et aux enfants qu'on peut recommander de manger le plus possible bio, car le fœtus et l'enfant sont les plus vulnérables.
Pour plus d'informations, voyez le site Internet et le journal *FémininBio* : http://www.femininbio.com

Autant de très bonnes raisons de choisir aussi vos huiles essentielles exclusivement issues de production biologique de plantes, pour ne bénéficier que de concentré de molécules, d'aromes et de vertus exclusivement naturels, pour le plus grand bien de la planète, de votre santé et pour l'avenir et le bien-être de votre bébé.

Non, les huiles essentielles ne peuvent pas régler tous les problèmes de Bébé !
Puisse le bon sens vous guider vers les huiles essentielles au juste moment et pour la juste raison. En effet, lorsque bébé présente un symptôme, voire un syndrome (un ensemble de symptômes), qui paraît sérieux, rendez impérativement visite au médecin pour d'abord comprendre, puis agir ensuite. Car le réflexe huiles essen-

tielles n'est parfois pas très opportun (en première intention) lorsqu'une affection se manifeste de manière spectaculaire et/ou alarmante (convulsions, difficultés majeures de respiration et/ou étouffement, régurgitation récurrente et inexplicable...) ; ou lorsque Bébé présente un problème dans sa constitution physique (fente labio-palatine ou « bec de lièvre », fracture d'un os, malformation...).

De plus, vous constaterez que parfois je préfère vous guider vers l'usage des hydrolats et eaux florales, notamment pour toutes les affections touchant les muqueuses ou les endroits sensibles (conjonctivite, maux de dents...), tout simplement parce que les huiles essentielles sont certes très actives... mais parfois inopportunes ou plus simplement ne proposent jamais de miracle !

Pour prendre soin de Bébé

Pour favoriser le bien-être psychologique de Bébé

Massez Bébé, même quand tout va bien et que c'est juste pour le plaisir. On ne dira jamais assez les vertus du massage bien-être pour que Bébé retrouve les douces sensations qu'il avait quand il était dans le ventre de maman, découvre son corps, et qui permettent aussi d'équilibrer les fonctions de l'organisme, de le stimuler pour qu'il sécrète les bonnes hormones (notamment l'ocytocine, l'hormone du bien-être et de l'attachement) qui rendent beau, fort et intelligent. Avant de masser Bébé : retirez vos bijoux ; musique douce et calme ambiance ; préparez votre mélange huile végétale et huiles essentielles ; et... demandez la permission à Bébé de le masser ! Puis massez :

– les pieds (sur la plante du pied avec le pouce, en remontant du talon jusqu'aux doigts de pied, puis chaque orteil, le dessus du pied et la cheville) ;

– les jambes (du pied jusqu'à l'aine) ;

– les fesses (bébé allongé sur le dos, vos mains passent

sous ses fesses en de petits mouvements circulaires pour les détendre) ;

– le ventre (vos mains glissent sur le ventre de Bébé dans un mouvement léger et en sens contraire des aiguilles d'une montre) ;

– le torse (mains bien à plat sur la poitrine de Bébé, effectuez des cercles en descendant vers les côtés et en remontant au centre) ;

– les bras (des poignets jusqu'à l'épaule) ;

– le visage (le front, puis les sourcils, les sinus et le dessus des lèvres, des petits cercles du bout des doigts au niveau du maxillaire, et terminez par les tempes et l'arrière des oreilles) ;

– le dos (Bébé sur le ventre, vos mains glissent du bas vers le haut du dos et remontent doucement, à plat, en évitant la colonne vertébrale et plutôt de part et d'autre des vertèbres).

Pendant le massage, regardez Bébé dans les yeux : massez du bas vers le haut du corps ; si pour une fois Bébé ne veut pas de votre massage, n'insistez pas… et vous pouvez commencer les massages-câlins avec lui dès la naissance au retour à la maison, notamment avec les prématurés. À quel moment de la journée ? Quand vous le sentez tous les deux. Pendant combien de temps ? Tant qu'il en demande ou que vous êtes disponible (de 5 à 30 min).

Massage bien-être

Dans 1 cuil. à café d'huile végétale, incorporez :
1 goutte d'HE de géranium Bourbon *(Pelargonium asperum)*
ou
1 goutte d'HE de camomille noble *(Chamaemelum nobile)*
ou
1 goutte d'HE de petit grain bigarade *(Citrus aurentium ssp bergamia (fe))*
• À répéter aussi souvent que vient le désir de masser et d'être massé.

Agitation

Bébé bouge ? Normal, il est vivant, content d'être là et de découvrir que son petit corps dispose de jambes, de bras et de mains, et qu'avec tout ça il sait de mieux en mieux faire des choses incroyables ! Ouah, c'est super la vie ! Parce qu'un enfant qui bouge, il n'y a rien de plus naturel : il se prouve à lui-même qu'il existe, il vous le signale, et peu lui importe que vous traduisiez son énergie de vie comme de l'agitation. Son but, pour l'heure, c'est de découvrir, de se découvrir et d'attirer votre attention... quitte à en rajouter, faire des bêtises, ou avoir un comportement un peu excessif pour vous. Attention alors de ne pas entrer dans l'engrenage qui risquerait de mener vers une relation de plus en plus tendue entre vous. Il est alors important de lui signaler que vous êtes toujours avec lui, à son écoute, et qu'il est temps pour lui d'apprendre et d'accepter une relative solitude. Même si votre cœur de mère/père souffre, ces moments un peu difficiles pour Bébé sont en fait extrêmement importants pour lui : c'est ainsi qu'il apprend à devenir autonome, qu'il prend conscience qu'on peut être triste ou en colère, mais sans tomber dans le désespoir... Voyez alors les huiles essentielles qui lui permettront de vivre de mieux en mieux le voyage initiatique que sera son parcours de vie sur cette Terre.

Diffusion

En diffusion 3 ou 4 fois par jour, pendant 5 minutes dans la chambre de l'enfant en dehors de sa présence (voir aussi p. 31) :
8 à 10 gouttes d'HE de petit grain bigarade *(Citrus aurentium ssp bergamia (fe))*

ou

8 à 10 gouttes d'HE d'orange douce *(Citrus cinensis)*

Bain

Pour une quantité d'eau n'excédant pas le volume d'une bassine, dans une base neutre (voir p. 36), incorporez :
2 ou 3 gouttes d'HE de lavande vraie *(Lavandula officinalis)*

ou

2 ou 3 gouttes d'HE de petit grain bigarade *(Citrus aurentium ssp bergamia (fe))*
• Jusqu'à la disparition du trouble.

Massage bien-être

Dans 1 cuil. à café d'huile végétale (voir p. 32), incorporez :
1 goutte d'HE de géranium Bourbon *(Pelargonium asperum)*

ou

1 goutte d'HE de petit grain bigarade *(Citrus aurentium ssp bergamia (fe))*

ou

1 goutte d'HE de camomille noble *(Chamaemelum nobile)*

• À répéter dès que Bébé commence à vraiment s'agiter : au lieu de vous énerver, massez-le !

Eaux florales et hydrolats

Fleur d'oranger : 1/2 cuil. à café dans un verre d'eau ou l'équivalent dans un biberon, à boire 4 à 6 fois par jour pour calmer le trop-plein d'ardeur.

Psycho-émotionnel

Pour calmer les pleurs, en cas de séparation difficile, de **peur du noir, d'angoisse et d'anxiétés diverses**... Si depuis sa naissance Bébé est animé d'une grande curiosité, fasciné par tout ce qu'il peut voir et attraper, il n'en demeure pas moins qu'à l'intérieur, dans son cœur et son psychisme, ça bouillonne ! Si vous ne l'aviez déjà constaté, prenez conscience que Bébé a déjà un esprit (presque une « conscience ») qui « carbure » à plein régime ; et aussi des prémisses de peurs et d'attirances, de craintes et d'assurances, d'inquiétudes et de désirs, de goûts et de dégoûts... Il comprend peu à peu que le monde est bien plus complexe qu'il ne l'avait pressenti jusqu'alors. Face à ses réactions de stress, restez zen et sachez apaiser ces premières peurs ; pour Bébé, ce sera un « ancrage » de sécurité dont il se souviendra (inconsciemment) toute sa vie et sur lequel il pourra appuyer toutes ses audaces à venir. Accompagnez-le avec quelques huiles essentielles qui l'aideront à laisser émerger ce qu'il a de plus beau, de plus fort et de plus singulier à offrir au monde.

Diffusion

En diffusion, 3 ou 4 fois par jour, 5 minutes dans la chambre de l'enfant en dehors de sa présence (voir aussi p. 31) :
3 gouttes d'HE de petit grain bigarade *(Citrus aurentium ssp bergamia (fe))*
3 gouttes d'HE d'orange douce *(Citrus cinensis)*
2 gouttes d'HE de myrte *(Myrtus communis myrtenylacetatiferum)*

Bain

Pour une quantité d'eau n'excédant pas le volume d'une bassine, dans une base neutre (voir p. 36), incorporez :
2 ou 3 gouttes d'HE de petit grain bigarade *(Citrus aurentium ssp bergamia (fe))*

ou

2 ou 3 gouttes d'HE de néroli *(Citrus aurentium ssp aurentium (fl))*

Massage bien-être

Dans 1 cuil. à café d'huile végétale (voir p. 32), incorporez :
1 goutte d'HE de géranium Bourbon *(Pelargonium asperum)*

ou

1 goutte d'HE de myrte *(Myrtus communis myrtenylacetatiferum)*

ou

1 goutte d'HE de petit grain bigarade *(Citrus aurentium ssp bergamia (fe))*

• À répéter tant que dure le trouble.

Eaux florales et hydrolats

Fleur d'oranger ou camomille : 1/2 cuil. à café dans un verre d'eau ou l'équivalent dans un biberon, à boire 4 à 6 fois par jour pour calmer son agitation.

Sommeil (difficultés)

Les troubles de l'endormissement sont fréquents chez les jeunes enfants : sachez imaginer un rituel du coucher, vous assurer que « doudou » est bien là, et créer une atmosphère propice à la détente, avec la diffusion de quelques huiles essentielles, tout en prenant le temps de le bercer, comme un rappel du doux balancement qu'il a connu dans le ventre de maman ; il s'apaisera et réglera sa respiration et son rythme cardiaque sur ce mouvement de va-et-vient.

Dans les faits, on s'aperçoit que, bien souvent, les difficultés de sommeil d'un bébé – pour autant qu'il ait les fesses propres, qu'il n'ait pas faim et que son environnement soit ni trop chaud ni trop froid, silencieux et propice au sommeil... – sont souvent dues au comportement... des parents qui oublient que, parfois, bien faire c'est ne rien faire et laisser Bébé vivre sa vie à son propre rythme sans être envahi par l'angoisse d'un parent qui veut tellement le bien de son enfant qu'il en fait peut-être un peu trop...

Diffusion

En diffusion (voir p. 31) pendant 5 minutes dans la chambre de l'enfant en dehors de sa présence, et juste avant le coucher :
3 gouttes d'HE de petit grain bigarade *(Citrus aurentium ssp bergamia (fe))*
3 gouttes d'HE de lavande vraie (*Lavandula officinalis*)
2 gouttes d'HE de camomille *(Chamaemelum nobile)*

Bain

Pour une quantité d'eau n'excédant pas le volume d'une bassine, dans une base neutre (voir p. 36), incorporez :
2 ou 3 gouttes d'HE de petit grain bigarade *(Citrus aurentium ssp bergamia (fe))*

ou

2 ou 3 gouttes d'HE de néroli *(Citrus aurentium ssp aurentium (fl))*

Massage bien-être

Dans 1 cuil. à café d'huile végétale (voir p. 32), incorporez :
1 goutte d'HE de géranium Bourbon *(Pelargonium asperum)*

ou

1 goutte d'HE de camomille noble *(Chamaemelum nobile)*

ou

1 goutte d'HE de petit grain bigarade *(Citrus aurentium ssp bergamia (fe))*

• À répéter tant que dure le trouble.

Eaux florales et hydrolats

Fleur d'oranger ou camomille : 1/2 cuil. à café dans 1 verre d'eau ou l'équivalent dans un biberon, à boire juste avant le coucher.

Pour mieux respirer (Nez/Gorge/Oreilles)

Bronches (bronchite, bronchiolite...)

Toute affection touchant les bronches de Bébé doit être prise très au sérieux. Après une visite impérative chez le médecin, et la confirmation que seules les bronches sont affectées (pas de soucis avec les végétations, pas de reflux gastro-œsophagien, pas d'allergie alimentaire ou respiratoire...), on peut dire très succinctement que deux manifestations majeures seront en cause : la bronchite ou la bronchiolite.

Le médecin homéopathe prescrira des granules et des sirops fluidifiants pour faciliter l'expectoration, ainsi qu'un traitement contre la fièvre ; et le naturopathe rajoutera un réglage alimentaire et les quelques huiles essentielles que je vous indique ici. Prise à temps et bien suivie, la bronchite n'est généralement pas grave chez l'enfant, même si la toux peut parfois persister quelques jours, le temps d'évacuer tous les résidus. Et surtout, pensez à inclure dans votre quotidien l'usage des huiles essentielles en diffusion, bain, massage... pour le plus grand bénéfice de tous et de chacun dans la famille.

Diffusion

En diffusion (voir p. 31) pendant 5 minutes dans la chambre de l'enfant en dehors de sa présence, 3 fois par jour :
8 à 10 gouttes d'HE d'eucalyptus radiata *(Eucalyptus radiata)*

Massage bien-être

Dans 1 cuil. à café d'huile végétale (voir p. 32), incorporez :
1 à 2 gouttes d'HE de myrte *(Myrtus communis myrtenylacetatiferum)*
• Pour un massage du dos décongestionnant et expectorant, pour la journée, pendant 3 ou 4 jours.

Dans 1 cuil. à café d'huile végétale, incorporez :
1 à 2 gouttes d'HE de ravintsara *(Cinnamomum camphora sb 1,8 cinéole)*
• Pour un massage du dos décongestionnant et expectorant, pour le soir, pendant 3 ou 4 jours.

Bain

Pour une quantité d'eau n'excédant pas le volume d'une bassine, dans une base neutre (voir p. 36), incorporez :
2 à 4 gouttes d'HE de ravintsara *(Cinnamomum camphora sb 1,8 cinéole)*

ou

2 à 4 gouttes de thym à linalol *(Thymus vulgaris ct linalol)*

Coqueluche

Bébé tousse, parfois durant plus de trois semaines : des quintes de toux violentes, surtout pendant la nuit, et conduisant souvent à des vomissements, avec une longue respiration sifflante qui, indiquera le médecin que vous consulterez, rappelle « le chant du coq ». Voilà qui ressemble fort à la coqueluche ! Hydratez Bébé qui perd beaucoup d'eau par la fièvre ; adaptez son alimentation à son état : des liquides (tisanes, soupes, purées...), chauds, sains, bio ; et plongez-vous dans le monde des huiles essentielles pour accompagner l'organisme de Bébé qui saura très bien se débrouiller seul... mais toujours avec maman et papa à ses côtés et leurs « remèdes magiques » qui sentent si bon.

Diffusion

En diffusion (voir p. 31) pendant 5 minutes dans la chambre de l'enfant en dehors de sa présence, 3 fois par jour :
8 à 10 gouttes d'HE d'eucalyptus radiata *(Eucalyptus radiata)*

Massage bien-être

Dans 1 cuil. à café d'huile végétale (voir p. 32), incorporez :
1 à 2 gouttes d'HE de bois de rose *(Aniba rosaeodora)*
• Pour un massage du dos décongestionnant et expectorant, dans la journée, pendant 3 à 4 jours.

Dans 1 cuil. à café d'huile végétale, incorporez :
1 à 2 gouttes d'HE de ravintsara *(Cinnamomum camphora sb 1,8 cinéole)*
• Pour un massage du dos décongestionnant et expectorant, le soir, pendant 3 à 4 jours.

Bain

Pour une quantité d'eau n'excédant pas le volume d'une bassine, dans une base neutre (voir p. 36), incorporez :
2 à 4 gouttes d'HE de ravintsara *(Cinnamomum camphora sb 1,8 cinéole)*

ou

2 à 4 gouttes d'HE de bois de rose *(Aniba rosaeodora)*

Conjonctivite

La conjonctivite est une inflammation de la conjonctive, membrane muqueuse qui recouvre l'ensemble de la partie apparente du globe oculaire, à l'exception de la cornée. Elle se présente sous la forme de rougeurs et irritations de l'œil ; si Bébé pouvait s'exprimer, il parlerait de sensation de « sable dans les yeux ». Voyez impérativement le médecin pour un diagnostic sûr. Un nettoyage minutieux des yeux, toutes les deux heures environ, avec des compresses stériles et une simple solution physiologique enrichie d'une eau florale suffit généralement à traiter l'infection en quelques jours.

Eaux florales et hydrolats

Camomille ou thym : en compresse à diluer à 50 % dans de l'eau pure, pour « laver » l'œil de ses impuretés, plusieurs jours de suite et aussi longtemps que durent les symptômes.

Oreillons

D'abord, une légère fièvre, une petite fatigue, une difficulté à avaler et, surtout, des douleurs juste sous l'oreille derrière le lobe ; puis, un ou deux jours plus tard, alors que la douleur est toujours là, se présente un (plus ou moins) léger gonflement derrière l'oreille : c'est le signe que les glandes salivaires (les « parotides ») sont infectées. L'infection gagne très vite l'autre oreille et provoque des difficultés de mastication et de déglutition. Puis, en trois ou quatre jours, l'inflammation diminue après une évolution qui, dans la majeure partie des cas, se fait sans problème.
Consultez un médecin dès que vous verrez apparaître ces symptômes pour vous faire confirmer que ce sont bien les oreillons et qu'aucune complication ne pointe le bout de son nez. Puis pensez à une alimentation plutôt tournée vers les liquides (pour éviter la mastication), hydratez Bébé, maintenez la fièvre à une température à la fois supportable pour lui et mortelle pour le virus, appliquez des compresses humides et rafraîchissantes, mouillées d'hydrolat et d'eau florale... et bien sûr, utilisez quelques huiles essentielles pour leur rôle anti-inflammatoire, bactéricide et apaisant.

Le plus simple

1 goutte d'HE de lavande vraie mélangée à 2 ou 3 gouttes d'huile végétale, à appliquer en arrière de l'oreille, derrière le pavillon et surtout pas dans le conduit de l'oreille.

Massage bien-être

Dans 1 cuil. à café d'huile végétale (voir p. 32), incorporez :
1 à 2 gouttes d'HE de bois de rose *(Aniba rosaeodora)*
• Pour un massage du dos décongestionnant, pour la journée, pendant 3 à 4 jours.

et

Dans 1 cuil. à café d'huile végétale, incorporez :
1 à 2 gouttes d'HE de ravintsara *(Cinnamomum camphora sb 1,8 cinéole)*
• Pour un massage du dos décongestionnant, le soir, pendant 3 à 4 jours.

Bain

Pour une quantité d'eau n'excédant pas le volume d'une bassine, dans une base neutre (voir p. 36), incorporez :
2 à 4 gouttes d'HE de ravintsara *(Cinnamomum camphora sb 1,8 cinéole)*

ou

2 à 4 gouttes d'HE de bois de rose *(Aniba rosaeodora)*

Otite

Les médecines complémentaires préviennent et guérissent très bien les otites ; demandez l'avis de votre médecin homéopathe et ses granules pour confirmer que Bébé souffre bien d'une otite, puis voyez du côté de l'ostéopathie qui donne de très bons résultats, sans oublier évidemment la naturopathie et l'aromathérapie... Dès que vous voyez apparaître des signes avant-coureurs : état fiévreux, perte d'appétit et/ou vomissements, troubles du sommeil, Bébé est grognon et se touche souvent l'oreille... il est temps de faire entrer en scène les huiles essentielles qui aideront l'organisme à lutter contre l'infection.

Le plus simple

1 goutte d'HE de bois de rose *(Aniba rosaeodora)* mélangée à 2 ou 3 gouttes d'huile végétale, à appliquer en arrière de l'oreille, derrière le pavillon et surtout pas dans le conduit de l'oreille.

Massage bien-être

Dans 1 cuil. à café d'huile végétale (voir p. 32), incorporez :
1 à 2 gouttes d'HE de bois de rose *(Aniba rosaeodora)*
• Pour un massage du dos, à faire dans la journée pendant 3 à 4 jours.

et

Dans 1 cuil. à café d'huile végétale, incorporez :
1 à 2 d'HE de ravintsara

• Pour un massage du dos décongestionnant, à faire le soir pendant 3 à 4 jours.

Bain

Pour une quantité d'eau n'excédant pas le volume d'une bassine, dans une base neutre (voir p. 36), incorporez :
2 à 4 gouttes d'HE de ravintsara *(Cinnamomum camphora sb 1,8 cinéole)*

ou

2 à 4 gouttes d'HE de bois de rose *(Aniba rosaeodora)*

Rhinopharyngite

Ce rhume qui encombre le nez et la gorge de Bébé est un grand classique lorsque se « muscle » le système immunitaire de l'enfant : c'est sa réponse aux germes et virus qu'il a « accueillis » (on en recense environ 200 qui provoqueraient des réactions de rhinopharyngites !). Bébé est grognon, a du mal à respirer, et « vous fait » une fièvre jusqu'à 38,5/39 °C. Rien de grave : après 6 à 8 mois, Bébé n'est plus protégé par les anticorps de maman ; vient le temps où le système immunitaire de l'enfant doit apprendre à identifier et neutraliser germes et virus. La rhino va durer environ 7 à 10 jours, sans grande conséquence grâce à la stratégie-santé que vous allez mettre en place : installez un humidificateur dans sa chambre et un diffuseur d'huiles essentielles ; maintenez-y une chaleur ambiante d'environ 21 °C et un bon degré d'humidité ; lavez le nez de bébé avec du sérum physiologique ou de l'eau florale de lavande toutes les 2 heures environ… et donnez de votre amour comme s'il en pleuvait !

Diffusion

En diffusion (voir p. 31) pendant 5 minutes dans la chambre de l'enfant en dehors de sa présence, 3 fois par jour :
8 à 10 gouttes d'HE d'*Eucalyptus radiata*

Massage bien-être

Dans 1 cuil. à café d'huile végétale (voir p. 32), incorporez :
1 à 2 gouttes d'HE de myrte *(Myrtus communis myrtenylacetatiferum)*
• Pour un massage du dos décongestionnant et expectorant, à faire la journée pendant 3 à 4 jours.

et

Dans 1 cuil. à café d'huile végétale, incorporez :
1 à 2 d'HE de ravintsara *(Cinnamomum camphora sb 1,8 cinéole)*
• Pour un massage du dos décongestionnant et expectorant, à faire le soir pendant 3 à 4 jours.

Bain

Pour une quantité d'eau n'excédant pas le volume d'une bassine, dans une base neutre (voir p. 36), incorporez :
2 à 4 goutte d'HE de ravintsara *(Cinnamomum camphora sb 1,8 cinéole)*

ou

2 à 4 gouttes d'HE de thym à linalol *(Thymus vulgaris ct linalol)*

Toux et gorge irritée

Bébé tousse sans raison apparente depuis 2 ou 3 jours ? Voyez le médecin homéopathe qui saura en trouver l'origine. Et quand vous serez rassurée par le diagnostic, n'hésitez pas à mettre en place votre stratégie huiles essentielles.

Diffusion

En diffusion (voir p. 31) pendant 5 minutes dans la chambre de l'enfant en dehors de sa présence, 3 fois par jour :
8 à 10 gouttes d'HE d'eucalyptus radiata *(Eucalyptus radiata)*

Massage bien-être

Dans 1 cuil. à café d'huile végétale (voir p. 32), incorporez :

1 à 2 gouttes d'HE de bois de rose *(Aniba rosaeodora)*
• Pour un massage du dos décongestionnant et expectorant, à faire la journée, pendant 3 à 4 jours.

et

Dans 1 cuil. à café d'huile végétale, incorporez :
1 à 2 gouttes d'HE de ravintsara *(Cinnamomum camphora sb 1,8 cinéole)*
• Pour un massage du dos décongestionnant et expectorant, à faire le soir, pendant 3 à 4 jours.

Bain

Pour une quantité d'eau n'excédant pas le volume d'une bassine, dans une base neutre (voir p. 36), incorporez :
2 à 4 gouttes d'HE de ravintsara *(Cinnamomum camphora sb 1,8 cinéole)*

ou

2 à 4 gouttes d'HE de bois de rose *(Aniba rosaeodora)*

Mieux digérer et éliminer (appareil digestif)

Acétone (crise d')

L'acétone est un symptôme, et pas une maladie. Bébé est fatigué, il vomit et exhale une haleine qui sent... la pomme reinette. C'est que, à jeun, son organisme manque peut-être d'un peu de sucre, et qu'il comble ce manque en puisant dans son stock de graisses. L'acétone n'est rien d'autre que la substance produite par le foie au cours du processus de dégradation des graisses, et indique qu'il existe une cause à rechercher. À signaler au pédiatre lors de la prochaine visite, il n'y a pas d'urgence... à moins que cet excès d'acétone ne provoque d'inquiétantes pertes d'appétit, des nausées, des vomissements et des douleurs abdominales.

En attendant que tout cela se calme ou une éventuelle consultation, si Bébé ne veut pas s'alimenter normalement, donnez-lui de petites quantités de jus de fruits ou de boissons sucrées. Et voyez du côté des eaux florales que Dame Nature propose, tout en douceur et efficacité.

Eaux florales et hydrolats

Camomille ou fleurs d'oranger : 1/2 cuil. à café d'eau florale dans 1 verre d'eau ou l'équivalent dans 1 biberon, à boire dès que vous sentez l'odeur de « pomme reinette » poindre... la crise d'acétone s'éteint alors tout naturellement.

Constipation

Bébé est nourri au sein ? Il est parfaitement naturel que, parfois, il n'ait pas de selles durant 2 ou 3 jours... pour autant que l'alimentation de maman soit assez riche en fibres (légumes verts, fruits, pruneaux...). Au-delà de 4 ou 5 jours, voyez le médecin homéopathe.
Bébé est au biberon, dans sa période de sevrage ? La constipation peut devenir inquiétante après 2 ou 3 jours sans selles, ou s'il a du mal à faire son « popo », ou même si ses crottes sont dures, peut-être sous forme de petites billes sèches. C'est juste que la « machinerie » digestive et de transit intestinal connaît quelques difficultés avec ce changement d'alimentation. Lorsque Bébé est sur sa table à langer, sans couche, n'omettez pas de lui masser doucement le ventre autour du nombril ou repliez ses jambes sur son abdomen pour soulager ses problèmes de transit intestinal. Le tout, évidemment, avec les huiles essentielles principales et quelques bourrasques de bisous bien senties.

Massage bien-être

Dans 5 à 8 gouttes d'huile végétale (voir p. 32), incorporez :
1 à 2 gouttes d'HE de camomille noble *(Chamaemelum nobile)*

ou

1 à 2 gouttes d'HE de géranium Bourbon *(Pelargonium asperum)*

ou

1 à 2 gouttes d'HE de lavande vraie *(Lavandula officinalis)*
• Massez autour du nombril et toujours dans le sens des aiguilles d'une montre 2 à 3 fois par jour, jusqu'à ce que les selles reviennent à la normale.

Eaux florales et hydrolats

Camomille ou néroli : 1/2 cuil. à café dans un verre d'eau ou l'équivalent dans un biberon, à boire 4 à 6 fois par jour, jusqu'à ce que les selles reviennent à la normale.

Diarrhée

Ce type d'épisodes d'élimination un peu « emporté » est assez fréquent chez Bébé : un petit coup de froid, peut-être une réaction digestive lors de l'introduction de nouveaux aliments, ou un coup de stress (nouvel environnement, une peur difficile à « digérer »...), peut-être un nouveau virus ou des bactéries que le système immunitaire n'a pas encore répertorié...
Surveillez bien ces troubles qui ne doivent pas durer plus de 2 ou 3 jours, et veillez à une bonne hydratation

de Bébé. Si l'épisode perdure, voyez le médecin homéopathe. Pour autant il n'y a pas lieu de s'inquiéter lors de chaque diarrhée de Bébé ; restez juste vigilante et vérifiez que le poids de Bébé ne baisse pas brusquement. Car, bien souvent, 4 à 6 heures après, Bébé reprend une alimentation normale. Avec quelques huiles essentielles ciblées et la tendresse dont vous seule savez faire preuve pour lui, tout rentrera dans l'ordre très vite.

Massage bien-être

Dans 5 à 8 gouttes d'huile végétale (voir p. 32), incorporez :
1 à 2 gouttes d'HE de petit grain bigarade *(Citrus aurentium ssp bergamia (fe)*

ou

1 à 2 gouttes d'HE de camomille noble *(Chamaemelum nobile)*

• Massez autour du nombril dans le sens des aiguilles d'une montre, 2 à 3 fois par jour, jusqu'à ce que les selles reviennent à la normale.

Eaux florales et hydrolats

Camomille ou néroli : 1/2 cuil. à café dans 1 verre d'eau ou l'équivalent dans 1 biberon, à boire 4 à 6 fois par jour, jusqu'à ce que les selles reviennent à la normale.

Gastro-entérite

Cette inflammation de la muqueuse digestive est la plupart du temps virale et provoque des diarrhées, peut-être quelques vomissements et un peu de fièvre. On connaît même des cas où les symptômes se limitent à un changement de comportement, à un arrêt de l'alimentation, sans véritables diarrhées. Toutefois, elle reste à surveiller pour ne pas risquer la déshydratation. On règle un épisode de gastro en quelques jours grâce à un éventuel traitement et surtout à une alimentation adaptée : continuez l'allaitement maternel chez les plus jeunes ; privilégiez les carottes, les pommes de terre, le riz ou les bananes chez les plus grands (voyez votre médecin homéopathe ou votre naturopathe) ; évitez les aliments à fibres ; prévoyez une bonne hydratation (surtout si bébé a moins de 3 mois)... Et surtout, privilégiez une hygiène irréprochable – la gastro se transmet très facilement –, en utilisant les vertus antiseptiques des huiles essentielles.

Massage bien-être

Dans 5 à 8 gouttes d'huile végétale (voir p. 32), incorporez :
1 à 2 gouttes d'HE de ravintsara *(Cinnamomum camphora sb 1,8 cinéole)*

• Massez autour du nombril dans le sens des aiguilles d'une montre, 2 à 3 fois par jour, jusqu'au retour à la normale.

Eaux florales et hydrolats

Ciste ou thym : 1/2 cuil. à café dans 1 verre d'eau ou l'équivalent dans 1 biberon, à boire 4 à 6 fois par jour, jusqu'au retour à la normale.

Quand les dents s'en viennent !

Cinquième ou sixième mois, et les toutes premières dents de Bébé commencent à pousser ; d'abord les incisives, puis les prémolaires. Une phase souvent marquée par des pleurs, du mal à s'endormir, des réveils brusques en plein sommeil, peut-être quelques épisodes de fièvre ou des périodes sans appétit ; les gencives sont légèrement enflées et les joues rouges... et puis des diarrhées et des fesses irritées, jusqu'à parfois des petites complications comme l'otite ou la rhino-pharyngite...

Oh ! que c'est dur, autant pour Bébé que pour maman ! Dans ce cas précis de poussées dentaires, par une élémentaire prudence, je ne saurais vous indiquer d'huile essentielle ; car, autant l'organisme d'un adulte peut très bien accepter une trace d'huile essentielle dans la bouche et l'accueillir dans son système digestif déjà rodé, autant avec un bébé cela paraît déjà beaucoup plus aléatoire : il est encore trop fragile... Je vous suggère d'éviter les gels dentaires proposés par l'industrie pharmaceutique qui les a copieusement enrichis de paraben et autres conservateurs de synthèse purement chimiques. Et je vous recommande de :

– masser légèrement les gencives de bébé avec votre doigt, humecté d'une huile végétale douce, impérativement bio pour la qualité : noyau d'abricot, amande douce ou sésame, pour leur propriétés anti-inflammatoires ;

– proposer à bébé de mordiller un anneau de dentition sorti du congélateur, pour le froid aux vertus anesthésiantes ;

– penser aux granules homéopathiques et plus particulièrement à *Chamomilla*, le médicament spécifique pour accompagner les poussées dentaires de bébé... Et surtout, pensez à de très longue séances de câlin, avec beaucoup d'amour et votre main chaude posée délicatement sur la joue de bébé.

Prendre soin de la peau de Bébé

Peau et irritations cutanés

Croûtes de lait

Ces petites plaques jaunâtres, parfois d'un aspect « écailleux », sont en fait un simple excès de sébum qui apparaît sur la peau, et plus généralement sur la surface du crâne de Bébé, à l'image des désagréables pellicules que connaissent bien certains adultes. Chez Bébé, l'appellation « croûte de lait » viendrait de la curieuse ressemblance avec les traces laissées par le lait qui a coulé sur une plaque de cuisson. Certes, disgracieuses, les « croûtes de lait » ne sont pas alarmantes ; toutefois, mieux vaut ne pas les laisser devenir irritantes pour Bébé. Les symptômes évoluent sur plusieurs mois et disparaissent généralement vers l'âge de deux ans. La solution réside très simplement dans une bonne hygiène quotidienne, avec des savons et shampoings tout doux, enrichis d'huiles essentielles.

Le plus simple

Je vous recommande d'asperger la tête de Bébé d'eau florale d'hélichryse italienne ou de lavande vraie, en spray sur les croûtes, 2 à 3 fois par jour, tant qu'il y a des plaques.

Bain

Dans une bouteille de 250 ml du shampoing de bébé, incorporez 12 à 15 gouttes de :
HE d'arbre à thé *(Melaleuca alternifolia)*
ou
HE de géranium Bourbon *(Pelargonium asperum)*
ou
HE de bois de rose *(Aniba rosaeodora)*
• Jusqu'à la disparition des croûtes.

Eczéma

Une des formes les plus courantes de l'eczéma de Bébé est dite « dermatite atopique » par la médecine ; « atopique » indique la prédisposition d'un terrain génétique familial aux allergies. Cette affection bénigne mais parfois pénible –autant pour bébé que pour maman et/ou papa !– est bien souvent récurrente, et récidive par poussées. On peut aussi penser au froid de l'hiver, au chauffage parfois excessif à l'intérieur qui fait dégringoler le degré d'humidité de l'air dans les appartements et dessèche la peau, on peut aussi évoquer certains aliments ou même des produits d'hygiènes qui ne conviennent pas à Bébé... N'hésitez pas à consulter le médecin homéopathe pour confirmer que c'est un « simple » eczéma. Fort heureusement, il disparait dans 80 % des cas entre 4 et 6 ans. Puis, soyez patiente et indulgente avec Bébé, car l'eczéma le démange énormément ; on serait chiffon et grognon à moins ! Évitez les vêtements qui « grattent » (laine ou synthétiques) et préférez le coton ; pratiquez l'art du soin préventif : pour la toilette, préférez des produits hypoallergéniques, sans parfum, suivis d'un rinçage soigneux et d'un séchage par tamponnements. Et enfin, tournez-vous vers une alimentation saine et naturelle ; un environnement le moins « allergène » possible ; et une juste utilisation des huiles essentielles indiquées ici.

Le plus simple

Eau florale de géranium Bourbon ou de lavande ou de ciste ou de camomille, en spray sur les zones affectées, 3 à 5 fois par jour, jusqu'à disparition.

Application

Dans 7 à 8 gouttes d'huile végétale de jojoba ou de calophyllum, incorporez :

1 goutte d'HE d'arbre à thé *(Melaleuca alternifolia)*

ou

1 goutte d'HE de géranium Bourbon *(Pelargonium asperum)*

ou

1 goutte d'HE de lavande vraie *(Lavandula officinalis)*

• À appliquer délicatement... ça démange un peu, un tout petit peu !

Érythème fessier

Érythème se dit lors d'apparitions de rougeurs et/ou de lésions de la peau sur les fesses, les « bourrelets » en haut des cuisses, les organes sexuels (grandes lèvres chez la petite fille, bourses chez le petit garçon), le pubis... pour savoir s'il s'agit bien d'un érythème fessier, peut-être serait-il opportun de voir le médecin homéopathe. Les solutions sont d'une rare simplicité :

– changez la couche de bébé 4 à 5 fois par jour, pour éviter la macération ;

– séchage après le bain par tamponnements avec une serviette toute douce ;

– laissez Bébé les fesses à l'air, et quand cela est possible en plein air et au doux soleil, aussi souvent que possible ;

– quelques applications d'eau florale ou d'éosine s'il y a macération ou suintement dans les plis de la peau, et seulement sur les zones touchées ;

– et enfin, pensez à inclure quelques gouttes d'huile essentielle, choisies parmi celles que je vous propose, afin que tout rentre dans l'ordre... très naturellement !

Le plus simple

Eau florale de géranium Bourbon ou de lavande ou de ciste ou de camomille, en spray sur les zones affectées, 3 à 5 fois par jour, jusqu'à disparition.

Application

Dans 7 à 8 gouttes d'huile végétale de jojoba ou de calophyllum, incorporez :

1 goutte d'HE d'arbre à thé *(Melaleuca alternifolia)*

ou

1 goutte d'HE de géranium Bourbon *(Pelargonium asperum)*

ou

1 goutte d'HE de lavande vraie *(Lavandula officinalis)*

• À appliquer délicatement... ça démange un peu, un tout petit peu !

Irritations cutanées

L'irritation cutanée est le plus généralement une simple réaction qui peut être due à une foultitude de causes : le chaud de l'été ou le froid de l'hiver ; une trop grande humidité autour de la bouche ou dans la couche trop longtemps gardée ; des vêtements de laine, synthétiques, ou trop serrés ; le contact avec une plante urticante dans le jardin ; la piqûre d'un insecte ; l'eau du bain un peu trop calcaire, ou un savon un peu trop agressif par ses agents lavants...

Bref, rien de bien méchant, mais qu'il ne faut pas négliger et que l'on traitera avec les huiles essentielles qui assainissent remarquablement bien la peau des bébés aussi bien que celle des petits et des grands.

Le plus simple

Eau florale de géranium Bourbon ou de lavande ou de ciste ou de camomille, en spray sur les zones affectées, 3 à 5 fois par jour, jusqu'à disparition.

Application

Dans 7 à 8 gouttes d'huile végétale de jojoba ou de calophyllum, incorporez :

1 goutte d'HE d'arbre à thé *(Melaleuca alternifolia)*

ou

1 goutte d'HE de géranium Bourbon *(Pelargonium asperum)*

ou

1 goutte d'HE de lavande vraie *(Lavandula officinalis)*

• À appliquer délicatement... ça démange un peu, un tout petit peu !

Maladies infantiles (pour les accompagner)

Les maladies de la petite enfance (rubéole, roséole, rougeole, scarlatine, varicelle) permettent au système immunitaire de se « muscler », afin qu'arrivé à l'âge adulte, l'ancien bébé résiste bien mieux aux agressions diverses et variées des microbes, germes et autres virus... On peut calmement envisager de consulter le médecin homéopathe pour confirmer à quelle maladie infantile Bébé se confronte. Puis, plutôt que d'éradiquer le symptôme et d'étouffer la maladie, il reste plus opportun d'accompagner l'organisme de Bébé, de respecter ses propres rythmes d'intégration et d'élimination, et de n'apporter que le strict nécessaire, à la fois par un réglage alimentaire ciblé et personnalisé, et l'adjonction de quelques huiles essentielles qui seront pour lui les meilleures des alliées. Il pourra ainsi « vivre » sa maladie, se « muscler » le système immunitaire pour plus tard, et exprimer ses propres réactions face à l'affection... tout naturellement.

Le plus simple

Dans une bouteille de 250 ml du savon liquide de Bébé, incorporez 10 à 12 gouttes d'HE de bois de rose *(Aniba rosaeodora)*, en protection des épidémies ou en accompagnement quand la maladie est déclarée.

Diffusion

En diffusion (voir p. 31), pendant 5 minutes dans la chambre de l'enfant en dehors de sa présence, 3 fois par jour :

8 à 10 gouttes d'HE d'eucalyptus radiata *(Eucalyptus radiata)*

Massage bien-être

Dans 1 cuil. à café d'huile végétale (voir p. 32), incorporez :
1 à 2 gouttes d'HE de myrte *(Myrtus communis myrtenylacetatiferum)*
• Pour un massage du dos, dans la journée, pendant 3 ou 4 jours.

ou

Dans 1 cuil. à café d'huile végétale, incorporez :
1 à 2 gouttes d'HE de ravintsara *(Cinnamomum camphora sb 1,8 cinéole)*,
• Pour un massage du dos, à faire le soir, pendant 3 ou 4 jours.

Bain

Dans une bouteille de 250 ml du savon liquide de bébé, incorporez 10 à 12 gouttes de :
HE d'arbre à thé *(Melaleuca alternifolia)*

ou

HE de bois de rose *(Aniba rosaeodora)*

ou

HE de ravintsara *(Cinnamomum camphora sb 1,8 cinéole)*
• En protection des épidémies ou en accompagnement quand la maladie est déclarée.

Vaccination

Pour accompagner les périodes de vaccination, pendant les 2 semaines qui la précèdent et les 2 à 3 semaines qui la suivent.

Massage bien-être

Dans 1 cuil. à café d'huile végétale (voir p. 32), incorporez :
1 ou 2 gouttes d'huile essentielle de bois de rose *(Aniba rosaeodora)*
• Déposez ce mélange le long de la colonne vertébrale ou sur la plante des pieds, et massez jusqu'à pénétration complète, 2 ou 3 fois par jour, lors des changes ou de la toilette.

Bain

Dans une bouteille de 250 ml du savon liquide de bébé, incorporez :
10 à 12 gouttes d'HE de bois de rose *(Aniba rosaeodora)*

Conclusion

Pas de conclusion ! Pas maintenant que Bébé est là et que tout commence ! Et pour que votre aventure commune devienne la plus belle des histoires, parlez, parlez, parlez... Bébé n'existe pas seul, il a besoin d'être reconnu et accompagné, touché et aimé pour exister, expliquait le pédiatre et psychanalyse anglais Donald Woods Winnicott. Il est donc demandé aux jeunes parents d'observer et d'écouter bébé, de le comprendre et de lui répondre. Dialoguez de tout ce qui le concerne dès ses premières secondes, avec un « parler vrai », sincèrement, avec des mots simples, surtout pas de « parler bébé » : même s'il vous paraît quelque peu singulier de dire à un tout-petit combien, par exemple, les essences de plantes et de fleurs vont lui faire du bien, lui donner la force et le courage d'aller toujours plus loin, l'ouvrir sur la beauté du monde. Il comprend, reçoit vos regards, accueille vos gestes, perçoit vos intentions, se nourrit de votre communication aussi bien que de votre amour...

Il ne s'agit pas de toujours dire toute la vérité à un bébé ou à un jeune enfant, surtout quand la vérité est douloureuse, mais lui dire quelque chose qui est sur le chemin de la vérité et ne jamais mentir ni affabuler. Car poser des mots sur ce que vous éprouvez, aussi bien dans la tendresse que dans la colère, le rendra humain et le mènera sur le chemin du respect des autres, lui qui aura été accueilli, reconnu et respecté dès sa naissance. Dans sa propre évolution, Bébé (et nous tous avec lui) n'existe que parce qu'il est relié aux autres par la parole. Et si vous en doutez, ne manquez pas de lire ce qu'en disait la pédiatre et psychanalyste française Françoise Dolto. Les huiles essentielles trouveront tout naturellement leur place dans votre dialogue, comme des médiateurs d'intentions subtiles, des intermédiaires de bien-être, des ambassadeurs d'amour. Elles l'aideront à trouver sa place dans cette existence nouvelle pour lui, si vaste et avec une telle abondance de nouveaux ressentis, tant il est vrai que, comme l'écrivit le poète, « naître, c'est recevoir tout un univers en cadeau ».

Fiches techniques

Les huiles essentielles pour Bébé

Arbre à thé ou *tea trea*

Melaleuca alternifolia

Famille : myrtacées

L'ami inattendu.

Propriétés

Entre autres, une huile essentielle qui est antivirale, antibactérienne, stimulante immunitaire et excellente protectrice cutanée.

Dimension émotionnelle

N'hésitez pas à utiliser l'huile essentielle de *tea trea* en friction sur la plante des pieds, pure pour les enfants après 4 ou 5 ans, et diluée le matin (à cause de son odeur de terre brute) à égale proportion (2 gouttes de chaque) dans une huile végétale, avant de partir, notamment pour contrer la fatigue psychique et physique, ensoleiller l'agitation intérieure, et aider à se stabiliser à un bien meilleur niveau d'énergie.

Bain de pieds

L'huile essentielle de *tea tree* est celle du randonneur et du sportif dont les pieds fatigués, meurtris, « parasités »... ont besoin d'être choyés, soignés, désodorisés...

Diffusion

L'HE de *tea trea* est idéale pour assainir les lieux (chambre d'un malade, couloirs, cabinet de thérapeutes, chambre d'hôtel douteuse...) mais toujours associée à une autre huile (à cause de son odeur). Par exemple : 4 gouttes d'HE de *tea trea* avec 7 gouttes d'HE d'orange douce *(Citrus sinensis L.).*

Bain

Plutôt que directement dans le bain, préférez déposer 1 seule goutte d'HE de *tea trea* dans le savon liquide ou le shampoing de Bébé (cheveux gras, pellicules, séborrhée...), pour calmer les problèmes de peau (acné, eczéma, psoriasis...) ou d'inflammations en tout genre.

Contre-indication

- Déconseillée pendant les 3 premiers mois de la grossesse.

Pour tout désinfecter : dedans, dehors et du sol au plafond !

• Puissant désinfectant à mettre dans l'eau de ménage des sols (pour une chambre de malade), du linge ou des couches lavables (10 à 20 gouttes d'HE de *tea tree* dans l'eau de rinçage du linge).
• Et aussi 1 goutte d'HE de *tea tree* sur la brosse à dents, avant d'y déposer le dentifrice, pour vous protéger des désagréables infections buccales, aphtes, abcès, gingivite...
• Et aussi, 1 ou 2 gouttes d'HE de *tea tree* sur les mycoses cutanées, brûlures, parasites... jusqu'aux piqûres de moustiques qui menacent de s'infecter, tout en calmant la désagréable « gratouillerie ».

Camomille noble

Chamaemelum nobile

Famille : astéracées

Doux comme le soleil.

Propriétés

Entre autres, une huile essentielle qui est antispasmodique, calmante du système nerveux, préanesthésiante, anti-inflammatoire, antiparasitaire...

Dimension émotionnelle

C'est l'huile essentielle idéale pour les hypersensibles qui sont parfois – voire souvent – en colère, trop agités, impatients, irritables, ou les personnes qui font des cauchemars, les enfants « pleurnicheurs » ou capricieux... L'huile essentielle de camomille noble calmera tout ce petit monde, apaisera l'esprit des uns, apportera le bien-être aux autres, et évacuera même les idées fixes et les tensions de tous.

Pour calmer la surexcitation de Bébé

1 goutte d'HE de camomille noble dans 2 gouttes d'huile végétale ; à appliquer en doux massage, le long de la colonne vertébrale et jusqu'à pénétration complète.

Diffusion
À utiliser pour apaiser, calmer une atmosphère, créer une ambiance favorable et éloigner le stress...Toutefois, vu son prix, on peut préférer sentir l'HE de camomille noble au bouchon ou au flacon, avec une respiration lente, basse et profonde ; l'olfaction agira tout aussi bien que la diffusion. Et pour bébé, 1 goutte (et seulement 1 goutte !) déposée sur le doudou avant de s'endormir...

Massage bien-être
Pour Bébé : 1 goutte (et seulement 1 goutte !) d'HE de camomille noble diluée dans 1 cuil. à café d'huile végétale, en doux massage sur tout le corps de Bébé pour calmer les peurs et les pleurs.

Et pour maman : pour calmer les règles douloureuses et les tempéraments cyclothymiques, tout en apaisant les tensions musculaires : 3 gouttes d'HE de camomille noble dans l'équivalent de 1 cuil. à soupe d'huile végétale, en massage au niveau du bas-ventre.

Bain
Vu le prix de cette huile essentielle, il vaut mieux que les bains de Bébé enrichis de camomille noble soient relativement rares et réservés aux périodes de stress intenses. Ou, si Bébé est une adorable petite fille blonde, pensez à la qualité « soin spécial blondes » de la camomille noble, et pour « rentabiliser » lavez-lui les cheveux dans le bain : 3 gouttes d'HE de camomille mélangée à 1 noix de shampoing, laisser agir avant de rincer; ce mélange

donne de jolis reflets dorés aux cheveux. On rencontre différentes variétés de camomilles : romaine, allemande, sauvage, puante, d'Anjou, de Chine, de Mahon, de Trionfetti, des chiens... elles sont toutes sensiblement identiques, certaines apportant une propriété un peu plus digestive, quand d'autres sont mieux indiquées pour soulager les voies respiratoires ; mais toutes agissent sur l'apaisement musculaire et surtout sur le système nerveux.

Contre-indication

Déconseillée pendant les 3 premiers mois de la grossesse.

Géranium Bourbon

Pelargonium asperum

Famille : géraniacées

Le cadeau du for intérieur.

Propriétés

Une huile essentielle antispasmodique, relaxante, anti-inflammatoire, antalgique, hémostatique, lympho et phlébotonique, hépato et pancréatostimulante, anti-infectieuse, antibactérienne, antifongique...

Dimension émotionnelle

L'huile essentielle de géranium Bourbon améliore l'humeur, favorise la ténacité et la constance, l'assurance et la confiance en soi lors des moments de débats et de prise de parole en public. À la fois calmante, apaisante, elle tonifie aussi le psychisme et aide à l'ouverture de conscience.

Quand bébé est irrité ou grognon, chiffon, bougon...
Irritation de la peau ou de l'humeur s'apaisent et se calment avec 1 à 2 gouttes d'HE de géranium Bourbon mélangées à 2 ou 3 gouttes d'huile végétale, sur la zone irritée ou sur l'intérieur des poignets ou la plante des pieds, en application 4 ou 5 fois par jour.

Diffusion

Comme l'huile essentielle de géranium Bourbon est un peu chère, on pourra la mêler avantageusement avec de l'huile essentielle de géranium rosat, pour créer une atmosphère à la fois calme et détendue, et tonique et créative, en apportant un mélange de fragrances de rose et de litchi propice aux échanges.

Massage bien-être

Dans 4 cuil. à soupe d'huile végétale de macadamia, incorporez :
4 gouttes d'HE de géranium Bourbon *(Pelargonium asperum)*
4 gouttes d'HE d'orange douce *(Citrus sinensis L.)*
• Un mélange pour détendre Bébé sans se ruiner.

ou

Dans 4 cuil. à soupe d'huile végétale de jojoba, incorporez :
4 gouttes d'HE de géranium Bourbon *(Pelargonium asperum)*
4 gouttes d'HE de néroli *(Citrus aurantium ssp aurantium (fl))*
4 gouttes d'HE de bois de rose *(Aniba rosaeodora)*
• Un mélange un peu plus coûteux, mais pour de douces merveilles.
Dans les deux cas, retour vers l'harmonie assuré.

Bain

Le bain à l'huile essentielle de géranium Bourbon régénère la peau et apaise l'esprit. Tout indiqué pour calmer la peau irritée de Bébé, l'aider à se détendre lors des périodes importantes de son évolution (premier voyage, nouvelle chambre, première séparation, entrée à la maternelle...) : 4 à 6 gouttes d'HE de géranium Bourbon, dans une base neutre (voir p. 36), à intégrer à l'eau du bain.

Contre-indication

Déconseillée pendant les 3 premiers mois de la grossesse.

Lavande vraie ou officinale

Lavandula officinalis

Famille : lamiacées

La sérénité retrouvée.

Propriétés

Une huile essentielle antispasmodique puissante, calmante, sédative, décontractante musculaire, hypotensive, anti-inflammatoire, antalgique, cardiotonique, cicatrisante, anticoagulante légère et fluidifiante, régénératrice cutanée.

Dimension émotionnelle

Par son action sur l'hypophyse et l'hypothalamus, c'est une des huiles les plus apaisantes qui soit ; elle aide à combattre l'hyperémotivité, les sautes d'humeur et l'irritabilité, le stress et l'anxiété. C'est l'arme la plus efficace pour calmer les petits et les grands un rien agités pour les aider à retrouver leur mythique sérénité. Ce qui explique certainement que lavande vient du latin *lavare*, laver.

Diffusion

L'huile essentielle de lavande vraie calme les troubles du sommeil, l'énervement, les tensions psychiques ; apaise les soucis, l'agitation, les effets des contrariétés.

Pour calmer, tempérer, apaiser Bébé

Appliquez :
2 gouttes d'HE de lavande vraie sur le plexus solaire pour calmer un gros chagrin, ou avant le coucher

ou

1 goutte d'HE de lavande vraie sur l'oreiller des enfants, lorsqu'ils ne sont pas chez eux et qu'ils pourraient ressentir une certaine anxiété.

Massage bien-être

Avant le coucher, l'huile essentielle de lavande vraie permet de soulager les tensions psychiques, les douleurs, les crampes et les contractures musculaires. Comme elle est très bien tolérée par la peau à partir de 4 ou 5 ans, on peut oindre une partie même sensible du corps (douleur, coupure, brûlure) avec l'huile essentielle pure. Dans le cas de migraine, massez doucement les tempes avec l'huile essentielle pure.

Bain

Pour un bain détente aux fragrances de garrigue : 5 à 10 gouttes d'HE de lavande vraie dans une base neutre à incorporer à l'eau du bain de Bébé.

Inhalation

L'huile essentielle de lavande vraie calme le rhume, apaise les toux spasmodiques de la bronchite, soulage les rigueurs de la grippe, et améliore les infections de la gorge.

Contre-indication

Heureusement, il n'y en a pas pour autant que l'on choisisse bien une lavande officinale chémotypée, de culture bio... sauf peut-être si on l'utilise en excès !

Orange douce

Citrus cinensis L.

Famille : rutacées

Un zeste de tendresse.

Propriétés

Une huile essentielle antiseptique, anti-inflammatoire, calmante, carminative, sédative, astringente (anticellulitique)...

Dimension émotionnelle

L'huile essentielle d'orange douce est une si douce compagne pour Bébé qu'elle permet d'apaiser les nervosités et les surmenages ; et pour les plus grands, elle accompagne très bien la difficulté à digérer certaines situations ou à apaiser les passions déchues, comme un doux souvenir revenu à la conscience et qui nous rappelle que tout cela n'est pas bien grave...

Diffusion

Pour favoriser la concentration, calmer son petit monde ou redonner le goût des belles choses à ceux qui manquent d'appétit de vivre ; et aussi pour, plus prosaïquement, désinfecter des locaux et assainir une atmosphère. Diffusez, diffusez, diffusez... 5 minutes, toutes les heures.

Massage bien-être

Pour les moments de « passage » et de séparation, quand

s'endormir, pour Bébé, « c'est comme mourir » : dans 1 cuil. à café d'huile végétale, incorporez 4 gouttes d'HE d'orange douce.

Et pour les plus grands (à partir de 6 ou 7 ans), voire pour les parents :
Dans 4 cuil. à soupe d'huile végétale de noisette, incorporez :
4 gouttes d'HE d'hélichryse de Madagascar *(Helichrysum gymnocephalum)*
7 gouttes d'HE d'orange douce *(Citrus sinensis L.)*
7 gouttes d'HE de cyprès *(Cupressus sempervirens)*

Tristesse de la séparation chez l'enfant jusqu'à 8/10 ans :
Dans 4 cuil. à soupe d'huile végétale de noyau d'abricot, incorporez :
4 gouttes de bois de rose *(Aniba rosaeodora)*
7 gouttes d'orange douce *(Citrus sinensis L.)*
7 gouttes de petit grain bigarade *(Citrus aurantium ssp bergamia (fe))*
• À apposer avec amour sur la plante des pieds, 2 à 3 fois par jour.

Bain

3 à 5 gouttes d'HE d'orange douce mélangées à une base neutre (shampoing, savon liquide...) et incorporées à l'eau du bain, pour amener douce quiétude et harmonie au corps et à l'esprit.

Contre-indications

• À éviter pendant les 3 premiers mois de la grossesse.

• Irritation cutanée possible (à tester dans le creux du coude).

• Huile essentielle photosensibilisante : attention, pas d'exposition au soleil pendant les 2 ou 3 heures qui suivent l'application.

Petit grain bigarade

Citrus aurentium ssp bergamia (fe)

Famille : rutacées

Un câlin chaleureux.

Propriétés

Calmante, sédative, anti-inflammatoire, activatrice circulatoire, anticoagulante, fluidifiante, antibactérienne, cicatrisante et régénératrice cutanée, relaxante, antidépressive...

Dimension émotionnelle

L'huile essentielle de petit grain bigarade accompagne très favorablement les périodes de surmenage, de soucis, et permet « d'encaisser les chocs », de retrouver joie et harmonie, de mieux gérer le stress, de calmer les nuits agitées... et même de soutenir le psychisme lors des moments de tristesse. C'est l'huile qui rassure, cajole et soutient « l'enfant intérieur » comme le ferait une grand-mère à l'amour inconditionnel...

Diffusion

Pour créer une atmosphère sereine, et soulager colère, migraines ou dépression latente.

Pour accompagner les moments de « séparation » et/ou d'anxiété

• Séparation : du bébé (1 goutte sur le doudou) à l'adulte confirmé (2 gouttes en friction sur l'intérieur du poignet), cette huile essentielle apporte une présence et le « câlin » bienvenu quand vient le moment de la séparation.

• Spasmes : 1 goutte d'HE de petit grain bigarade, diluée dans 2 gouttes d'huile végétale, déposées sur le plexus solaire pour calmer les toux spasmodiques, les maux de ventre, et les palpitations d'origine nerveuse.

• Nuits agitées : 6 à 8 gouttes d'HE de petit grain bigarade en diffusion 10 à 15 minutes, avant de coucher Bébé, pendant qu'il n'est pas dans la chambre.

Massage bien-être

Indiquée pour les problèmes cutanés liés au stress, ainsi que les troubles gastro-intestinaux, et les difficultés à « lâcher prise » ; même si ces trois indications semblent dissociées les unes des autres, en fait, le plus souvent, si l'on s'attarde à l'origine de la cause, elles sont liées. Incorporez alors quelques gouttes (2 ou 3) d'HE de petit grain bigarade dans 1 cuil. à café d'huile végétale de camomille.

Hoquet de bébé

Appliquez 1 goutte d'HE de petit grain bigarade entre les omoplates de l'enfant, au moment du hoquet.

Bain

Pour Bébé et/ou enfant légèrement hyperactif : 4 ou 5 gouttes d'HE de petit grain bigarade, mélangées à une base neutre (savon liquide, shampoing...) et incorporées au bain qui sera calmant et apaisant, pour détendre les nerfs et favoriser le retour à la sérénité.

Contre-indications

• Déconseillée pendant les 3 premiers mois de grossesse.
• Huile essentielle photosensibilisante : attention, pas d'exposition au soleil pendant les 2 ou 3 heures qui suivent l'application.

Quelques autres huiles essentielles pour compléter vos mélanges

Bois de rose

Aniba rosaeodora

« Le bon sens de la Tradition ».

Pour sa grande capacité à évacuer les « idées noires » et calmer les angoisses de Bébé.

Propriétés

Une huile essentielle anti-infectieuse, antibactérienne, antifongique, antivirale, antiparasitaire, stimulante immunitaire, tonique sexuel, régénératrice tissulaire ; particulièrement indiquée lors des processus de guérison, ou pour vivre des moments de relaxation, de méditation, voire en accompagnement de fin de vie...

Dimension émotionnelle

L'huile essentielle de bois de rose est à envisager lors des moments où même le câlin de maman ne calme pas le gros chagrin de Bébé, ou que, pour les plus grands, le chocolat n'arrive pas à remonter le moral ! Elle chasse les idées noires, stimule la créativité et l'assurance en soi, et permet d'aller à l'essentiel notamment, par exemple, lors de période d'examens ou lors d'un entretien. En cas de maladie, elle « prépare » la guérison. Et pour les moments « sacrés », elle favorise la méditation et l'intériorisation.

Ciste

Cistus ladaniderus L. pineniferum

« Retour a la “ terre père” ».

Pour traiter coupures, petites hémorragies, plaies infectées... et les éventuelles séquelles des maladies de l'enfance (rougeole, coqueluche, varicelle...).

Propriétés

Une huile essentielle anti-infectieuse, antivirale, antibactérienne, antihémorragique puissante, cicatrisante, neurotonique, régulatrice du système nerveux parasympathique.

Dimension émotionnelle

L'huile essentielle de ciste apaise les inquiétudes de Bébé, aide à développer sa propre personnalité, à trouver son identité. Elle est aussi très indiquée pour toutes ces périodes de vie troublées par les « lois des séries ». Elle permet de se recentrer sur l'essentiel de sa vie, évite de se disperser sur des activités qui n'ont pas ou plus lieu d'être.

Eucalyptus radiata

Eucalyptus radiata

« Que l'air circule ».

Pour améliorer les nez bouchés et remonter l'immunité lors des frimas d'hiver.

Propriétés

Une huile essentielle anti-infectieuse, antibactérienne, antivirale, anticatarrhale, expectorante, antitussive, stimulante immunitaire, anti-inflammatoire...

Dimension émotionnelle

L'huile essentielle d'*eucalyptus radiata* permet de remettre de l'ordre dans les idées des étourdis, amène les timides à s'affirmer, et aide à passer outre les agressions psychologiques de tous les malintentionnés que vous pourriez croiser. Une huile qui remet de la chaleur dans les cœurs, tout en permettant de calmer les ardeurs égotiques.

Myrte rouge

Myrtus communis myrtenylacetatiferum

« Un pont sur le Styx ».

Pour calmer les désagréables moments de cyclothymie et d'hésitations timides, et accompagner de nombreuses chansons du répertoire français, comme « J'voudrais bien, mais j'peux point... », ou encore « Tu veux ou tu veux pas ? »

Propriétés

Une huile essentielle rééquilibrante de l'humeur, décongestionnante, antispasmodique légère, préparatrice du sommeil ; anticatarrhale, expectorante, anti-infectieuse, hépatostimulante, tonique et astringente cutanée.

Dimension émotionnelle

L'huile essentielle de myrte est l'huile du « passage » et des grandes étapes de la vie, en route vers l'autonomie de Bébé, qui s'adresse au manque d'assurance ; elle redonne force intérieure, apporte même la paix profonde pour aider au passage des grands caps : de bébé à petit enfant, puis plus tard de l'adolescence vers l'âge adulte, et aussi (mais bien plus tard !) pour stopper une addiction, ou vivre plus sereinement la crise de la quarantaine ou de la cinquantaine...

Néroli

Citrus aurentium ssp aurentium (fl)

« Une chanson douce ».

Pour réconforter l'hypersensible.

Propriétés

Une huile essentielle équilibrante de l'humeur lors de syndromes prémenstruels et de la période de ménopause, un puissant soutien psychique ; elle est aussi anti-infectieuse, antibactérienne, tonique hépatique et pancréatique, cicatrisante et régénératrice cutanée...

Dimension émotionnelle

L'huile essentielle de néroli vient insuffler apaisement et réconfort en cas d'hypersensibilité au stress, lorsque la fatigue émotionnelle laisse place à une déprime passagère. Cette huile contribue alors à rétablir le lien entre le corps et l'esprit en accompagnant les moments d'angoisse, d'hyperactivité, pour aider à résoudre les conflits et permettre d'aller voir plus loin que le « bout de son nez »...

Ravintsara

Cinnamomum camphora sb 1,8 cinéole

« De l'air pur pour l'esprit ».

Pour traiter les infections en tout genre, d'une efficacité et d'une tolérance cutanée exceptionnelles.

Propriétés

Une huile essentielle antivirale et stimulante immunitaire puissante, antibactérienne, anticatarrhale, expectorante ; neurotonique, stimulante du système nerveux sans être excitante...

Dimension émotionnelle

Voici l'huile essentielle « antinégativité » par excellence ; sur la plante des pieds pour bébé (1 goutte diluée dans 2 gouttes d'huile végétale), et dès 6 ou 7 ans, en olfaction, au bouchon ou au flacon, avec une respiration basse, lente et profonde. N'hésitez pas à inhaler l'huile essentielle de ravintsara, été comme hiver, car elle protège et recharge autant le physique assoupi que le psychisme cotonneux.

Thym à linalol

Thymus vulgaris ct linalol

« La sereine puissance ».

Pour lutter contre les candidoses, calmer la zone ORL, apaiser les fatigues nerveuses.

Propriétés

Une huile essentielle antibactérienne, anti-infectieuse, antifongique, antiseptique, antimicrobienne, tonifiante.

Dimension émotionnelle

Bébé manque d'énergie ? Un petit coup de moins bien, telle une faiblesse passagère ? Peur de la solitude ? L'huile essentielle de thym à linalol est là pour les « trop sérieux » qu'il faut aider à s'évader et aller voir à l'extérieur comment va le vaste monde. Pour Bébé, sur la plante des pieds, appliquez 1 goutte d'HE de thym à linalol diluée dans 2 gouttes d'huile végétale, 1 à 2 fois par jour, jusqu'à amélioration.

Les hydrolats et les eaux florales

Camomille

Relaxant, apaisant, digestif, cet hydrolat facilite aussi la guérison et la cicatrisation des problèmes cutanés. Il apaise les brûlures du soleil d'été et se révèle très utile lors des périodes de rhumes des foins, des épisodes asthmatiques et autre coryza. Il calme le psychisme pris dans le maelström des idées noires qui tournent en boucle, entraînant colère et comportements défensifs.

Utilisation :

– en pulvérisation pour raffermir et tonifier la peau ;
– en compresse sur les blessures légères ;
– 1 cuil. à soupe dans 1 litre d'eau, à boire avant un travail intellectuel intense.

Ciste

Un hydrolat antihémorragique, cicatrisant, astringent, détoxifiant qui renforce les défenses immunitaires. Il est utile en interne et en externe dans les cas d'acné, d'inflammation veineuse ou en accompagnement lors d'un traitement de toutes maladies auto-immunes et virales. C'est aussi un très bon coagulant. Utile lors des périodes de nécessaire créativité, pour calmer les tendances « perfectionnistes » et les désirs un peu trop « possessifs », et accompagner les personnes qui font montre d'un léger manque d'ouverture...

Utilisation :

– en compresse sur la peau blessée ;
– sur un tampon hygiénique pour une régulation du cycle menstruel trop abondant ;
– 1 cuil. à soupe dans 1 litre d'eau, à boire durant la

journée afin de retrouver la paix intérieure et un meilleur équilibre des fonctions physiologiques.

Fleurs d'oranger

Voir Néroli

Géranium Bourbon

C'est l'hydrolat de la peau sujette aux rougeurs, à l'eczéma et à la couperose, qui régule aussi la transpiration et évacue les mauvaises odeurs corporelles, notamment sous les aisselles et aux pieds. Ce calmant des douleurs est aussi un remarquable antistress et un fidèle allié pour lutter contre le *jet lag* plus communément connu sous le terme simplifié de « décalage horaire ». Il calme aussi la nervosité coléreuse et l'impatience de l'enfant et de l'adulte.

Utilisation :

– en compresse ou en spray pour les peaux sèches et sensibles ;

– 1 cuil. à soupe dans 1 litre d'eau, à boire durant la journée pour retrouver un appétit qui faisait défaut, autant sur le plan physique qu'émotionnel.

Hélichryse italienne

Une eau florale venue de la fleur d'Immortelle pour un usage anti-inflammatoire cutané, pour effacer les hématomes, calmer les coups de soleil, traiter la couperose ou l'acné pour en effacer les traces ou cicatrices. L'eau florale d'hélichryse italienne aide la peau à retrouver son aspect sain et naturel. Par voie interne, elle s'avère utile pour éliminer les problèmes d'allergie, les règles douloureuses, les extrémités froides et les soucis circulatoires grâce à son action régulatrice sur le foie, la vésicule biliaire et le pancréas. L'eau florale d'hélichryse est extrêmement efficace pour accompagner les traumatismes (chocs psychologiques, perte d'un parent, violence...) des enfants avant 7 ans ; pour les adultes, il sera plus efficace de se tourner vers l'huile essentielle.

Utilisation :

– en compresse sur la peau ;

– en spray sur un hématome ou une cicatrice récente ;

– 1 cuil. à soupe dans 1 litre d'eau, à boire durant la journée pour aider à dépasser le souvenir d'événements douloureux.

Lavande vraie

Une eau florale relaxante, apaisante, qui permet aussi de garder son linge propre empreint d'une douce odeur de Provence. Toutefois, cette eau florale n'est pas qu'un simple « sent-bon », car elle est aussi un remarquable antiseptique, une douce lotion pour les peaux grasses ou irritées. L'eau florale de lavande vraie permet de détendre les enfants quand vient le moment de se coucher, les parents après une journée harassante, et calme le psychisme hyperactif comme une douche intérieure de douceur calmante.

Utilisation :

– en compresse, notamment lors de démangeaisons intempestives ou d'irritation cutanée ;

– en spray sur les brûlures, mêmes graves ;
– 1 cuil. à soupe dans 1 litre d'eau, à boire durant la journée pour apaiser les tempéraments nerveux et angoissés.

Néroli ou fleurs d'oranger

C'est l'eau florale calmante qui accompagne les digestions difficiles (au sens propre et figuré) et les fonctions hépatiques dans leur travail d'épuration. Grande amie du système nerveux, cette eau florale calme, apaise, favorise le sommeil (notamment de l'enfance) ; elle équilibre le rythme cardiaque, tranquillise la dépression latente et la dépendance affective.

Utilisation :
– en compresse pour tous les types de peau et tous les types de soins nettoyants et purifiants, à tous les âges de la vie ;
– en spray, pour se donner des brumes de senteurs rafraîchissantes et déodorantes ;
– 1 cuil. à soupe dans 1 litre d'eau, à boire durant la journée pour écarter la colère et les tensions, et favoriser la créativité par un apaisement de l'esprit encombré de « petits vélos ».

Thym

Par son action « réchauffante », ce tonique pour le corps relance aussi l'énergie psychique assoupie par son effet bénéfique sur le système circulatoire et rééquilibrant du système nerveux central. N'hésitez pas à utiliser l'hydrolat de thym lorsque vous prend parfois cette peur diffuse d'aller vers les autres et vers le monde, ou lors des périodes durant lesquelles on a du mal à se « renouveler » et à prendre des décisions.

Cet hydrolat est un excellent désinfectant cutané (acné, peau sensible et irritée) qui, dans le même temps, purifie l'organisme et l'aide à évacuer toxines et radicaux libres.

Utilisation :

– en compresse (à diluer à 50 % dans de l'eau pure), pour le visage marqué par l'acné et les rougeurs disgracieuses ;

– en spray, pour calmer les dermatites (desquamation locale de la peau...), ou apaiser les peaux sensibles ;

– 1 cuil. à soupe dans 1 litre d'eau, à boire durant la journée pour accompagner les faiblesses respiratoires et relancer un organisme en déficience immunitaire.

BIBLIOGRAPHIE

BAUDOUX Dominique, *Les cahiers pratiques de l'aromathérapie,* Inspir, rue de Goethe 1 – 1637 Luxembourg.

DURAFOUR C., LAPRAZ J.-C., CHEMLI R., *La plante médicinale, de la tradition à la science,* éd. Jacques Grancher, 1997.

FRANCHOMME Pierre (sous la dir.), *La science de l'aromathérapie,* éd. Aromathéca, 2003.

MAILHEBIAU Philippe, *La nouvelle aromathérapie,* éd. Jakin, 1994.

ODOUL Michel, MILES Elske, *La phyto-énergétique,* Albin Michel, 2004.

SOMMERARD Jean-Charles, *Parfums de confidence,* éd. Terres d'Hommes, 2009.

Adresses

Formations et/ou ventes directes d'huiles essentielles Bio

Cette liste n'est en rien exhaustive et nous vous la proposons seulement à titre d'exemple. La responsabilité des auteurs et de l'éditeur ne saurait être engagée sur les produits proposés ou les résultats obtenus par les différents contacts signalés dans cette liste.

La Péniche Jaume

Un lieu rêvé puis créé par des naturopathes passionnés d'huiles essentielles qui proposent des formations d'aromathérapie, de santé au naturel, de techniques manuelles... pour les thérapeutes, les particuliers et les entreprises.
La Péniche Jaume
Accès face au 15, quai Le Gallo, 92100 Boulogne-Billancourt
Site : www.lapenichejaume.com

Herbes et Traditions

La vocation de ce laboratoire est d'être le prolongement d'artisans-producteurs biologiques et distillateurs d'huiles essentielles profondément respectueux de la vie de la plante aromatique, qui s'attachent à rendre disponibles à tous des huiles de très grande qualité.
Herbes et Traditions
42 bis, rue d'Armentières, 59560 Comines.
Tél : 03 28 04 65 25.
Site : www.herbes-et-traditions.fr/

Essenciagua

Propose une large gamme biologique de très haute qualité et respectueuse des règles d'un commerce équitable avec ses partenaires agriculteurs.
Site : www.essenciaga.fr

Paradesa

A conçu toute une gamme de cosmétiques aromatiques, biologiques, écologiques et naturels.
Site : www.paradesa.fr

Phytophar

Les exigences et les engagements d'une grande marque naturelle innovante avec la gamme Agathe.
Site : www.phytophar.com

Sevessence

Jean-Charles Sommerard cultive la tradition et le savoir-faire familial des huiles essentielles en France et à Madagascar. Producteur respectueux du rythme des saisons et de l'écosystème des réserves naturelles, il propose avec Sevessence une sélection d'eaux florales, d'huiles végétales ainsi que des huiles essentielles biologiques, de qualité supérieure, certifiées et fraîchement distillées.
Sevessence
28, rue de la Fontaine-au-Roi, 75011 Paris.
Site : www.sevessence.com/
Courriel : sevessence@free.fr

INDEX DES HUILES ESSENTIELLES UTILISÉES

INDEX DES TROUBLES

Table des matières

Pour joindre les auteurs

Éditions Albin Michel
22, rue Huygens
75014 Paris
(qui transmettra)

www.guillaumegerault.com
ronaldmary@hotmail.fr

Merci à toute l'équipe éditoriale du département « Livres pratiques » des éditions Albin Michel pour leur remarquable accompagnement passé, présent et à venir...

Suivi éditorial : Caroline Pajany

Conception graphique et mise en page : Stéphanie Le Bihan
Impression : CPI Firmin Didot – mars 2018
Éditions Albin Michel
22, rue Huyghens, 75014 Paris
www.albin-michel.fr

ISBN 978-2-226-19527-2
N° d'édition : 19210/04. N° d'impression : 146455.
Dépôt légal : juin 2010.
Imprimé en France.